Weisheit
aus der Stille

Das Kloster-
Jahreslesebuch

Herausgegeben von
Petra Altmann

Weisheit
aus der Stille

Das Kloster-
Jahreslesebuch

Herausgegeben von
Petra Altmann

HERDER

FREIBURG · BASEL · WIEN

Inhalt

Vorwort

Mönche galten schon in vorchristlicher Zeit als bedeutende Ratgeber. Als weise Persönlichkeiten mit einer besonderen Lebenserfahrung. Man suchte sie auf in Krisenzeiten oder vor besonders wichtigen Entscheidungen, um Hilfestellungen für das eigene Leben zu erhalten. Die Wüstenväter galten dabei als Vorreiter. Sie lebten zurückgezogen in der Einsamkeit der ägyptischen Steppen, meditierten und hielten Distanz zu allen Verlockungen und Anforderungen der damaligen Gesellschaft. Dieser Blick von außen ermöglichte ihnen, den Menschen wohlüberlegte, lebenskluge Ratschläge zu geben. Diese Weisungen wurden mündlich überliefert und waren oft so weitreichend, dass sie auch uns Menschen im 21. Jahrhundert so manchen Denkanstoß geben können.

Ordensväter und -mütter der späteren Jahrhunderte legten ihre Weisungen schriftlich fest. Der heilige *Benedikt* beispielsweise verfasste seine Regel im 6. nachchristlichen Jahrhundert, um späteren Generationen seiner Mitbrüder Verhaltensregeln an die Hand zu geben, die über den Tag und den Ort hinaus Gültigkeit haben sollten. Spätere Ordensgründer wie *Franziskus von Assisi* oder *Ignatius von Loyola*, wie *Teresa von Ávila* oder *Johannes vom Kreuz* gaben ihren Mitschwestern oder -brüdern ebenfalls schriftliche Regeln an die Hand. So hatten diese einen Verhaltenskodex, nach dem sie sich richten konnten. Nach wie vor leben Ordensgemeinschaften nach diesen Anleitungen ihrer Ordensväter. Und wer sie heute zur Hand nimmt, wird erstaunt sein, wie aktuell sie vielfach sind. Sie geben auch uns heutigen Menschen außerhalb der Klostermauern wichtige Impulse.

Der Faden zieht sich hin bis zu Ordensvertretern unserer Zeit, die nicht nur in Einzelgesprächen den Menschen beratend zur Seite stehen, sondern sogar in Managementtrainings ganze Unternehmen coachen.

Was ist dran an den Ratschlägen der Mönche? Wer die Aussagen der Altväter liest, die Regel Benedikts studiert oder sich mit den Aussagen zeitgenössischer Ordensangehöriger befasst, wird merken, dass ihre Aktualität über den Tag hinausgeht. Mit wenigen Worten, in kurzen Sätzen geben sie Tipps, die den Kern unserer menschlichen Probleme treffen. In einer großen Bandbreite behandeln sie alles, was uns im täglichen Leben so begegnet. Sie vermitteln uns einen positiven Blick auf die Dinge des Alltags und geben uns Lebensmut. Und sie sprechen jeden von uns an – unabhängig von unserer religiösen Orientierung.

Der vorliegende Band enthält eine breite Textauswahl von Autoren aus den Klöstern. Bekannte und weniger bekannte, prominente und solche, deren Namen man bisher möglicherweise noch nicht gehört hat. Meine Suche in den Klosterarchiven brachte zum Teil Erstaunliches zutage. In diesem Band habe ich Texte für jeden Tag des Jahres ausgesucht und zusammengestellt. Als erster Impuls am Morgen oder als Tagesabschluss mögen sie Ihnen positive Denkanstöße vermitteln und vielleicht sogar in dem ein oder anderen Fall Ihre Blickrichtung verändern. Zahlreiche Erkenntnisse und viel Freude dabei wünscht Ihnen

Ihre Petra Altmann

Januar

Balsam für die Seele

1. JANUAR
Neuland

Als Neuland begrüßen wir es,
dieses neue Jahr, das wir begonnen.
Als Fremdland betrachten wir es noch,
dieses neue Jahr, mit dem, was es uns bringen mag:
Höhen und Tiefen,
Berge und Täler,
Wege und Ziele.
Als Brachland kultivieren wir dieses neue Jahr,
mit Anbau und Aufbau,
mit Säen und Ernten, Blühen und Reifen.
Vinzenz von Paul
Aus dem Kloster Untermarchtal

2. JANUAR
Die Morgendämmerung

Lausche auf die Natur, die erwacht,
um den neugeborenen Tag zu begrüßen …
Achte darauf, wie die Stille und der Gesang
in der Natur ineinander übergehen:
wie mannigfaltig die Gesänge der Schöpfung sind,
wie tief ihr Schweigen.
Keiner der Laute in der Natur
stört das Ewige Schweigen,
welches das Universum einhüllt.
Und wirklich, wenn du auf diese Töne horchst,
vernimmst du die Stille.

Was für Gefühle mag die Schöpfung
zum Ausdruck bringen,
wenn sie erwacht
und mit ihrer Geschäftigkeit
die Ruhe der Nacht ablöst?

Horche nun in dein eigenes Herz.
Auch da erklingt ein Gesang,
denn da bist du ein Teil der Natur.
Wenn du diesen Gesang noch nie gehört hast,
dann hast du nicht aufmerksam genug gelauscht.

Horch! Wie klingt der Gesang?
Traurig … fröhlich …
Zuversichtlich … zärtlich …?

Auch in deinem Herzen ist ein Schweigen.
Wenn dir jeder deiner Gedanken, Zerstreuungen,
Wunschbilder und Gefühle bewusst wird,
dann wirst du dieses Schweigen sicher erfahren …

Nun sieh, wie das Lied in deinem Herzen
in das Lied der Natur einschwingt,
die dich rings umgibt …

Horch.
Je aufmerksamer du bist,
desto stiller wirst du werden.
Je stiller du wirst,
desto aufmerksamer wirst du lauschen.
        Anthony de Mello

3. JANUAR
Schweigen lernen

Im Schweigen sehen wir alles in einem neuen Licht.
Wenn wir lernen zu schweigen, können wir andere Menschen innerlich anrühren. Es kommt nicht darauf an, was wir sagen, sondern was Gott zu uns und durch uns sagt. Jesus wartet immer im Schweigen auf uns. In der Stille hört er uns zu und spricht zu uns, da hören wir seine Stimme.

Mutter Teresa

4. JANUAR
Die Würde des Wortes

Das Schweigen steht nicht im Gegensatz zu Sprechen und Reden, es ist auch nicht Selbstzweck, denn die Sprache ist uns von Gott gegeben. Schweigen geschieht gerade um der Würde des Wortes willen. Im Vielreden, im Geschwätz geht die Kraft des Wortes verloren, ist es entwertet. Die Flut der Worte und Bilder in unseren Medien stellt so vieles nebeneinander und überdeckt das wirklich Wesentliche mit einer Menge von Belanglosigkeiten. Und so können auch wir pausenlos reden und dabei doch nichts sagen.

Odilo Lechner

5. JANUAR
Auf sich selbst achten

Wir kennen das Gefühl der Überforderung, des Zu-kurz-Kommens, des Auf-der-Strecke-Bleibens. Es stellt sich dort ein, wo uns Aufgaben, Ansprüche und Anforderungen über den Kopf wachsen und die Zuständigkeit für andere die Sorge um uns selber nahezu total absorbiert. In solchen Situationen meldet sich die bedrängende Frage: Wo bin in all dem ich? Wo bleibe ich? Die Angst, verloren zu gehen, ist mehr als begreiflich. Wir kennen die Ratschläge und Empfehlungen, die einem Außenstehende in solchen Fällen geben: Du musst mehr auf dich schauen; du hast ein Recht auf deine Freizeit und deine Gesundheit; du musst für dich selber sorgen oder in erster Linie an dich denken; du darfst dich nicht verstecken oder in allem nachgeben usw. Wir wissen aber auch um die äußeren und inneren Grenzen, die uns hindern, aus unserer Rolle auszusteigen oder unsere Haut gegen eine andere zu vertauschen.

Christian Schütz

6. JANUAR
Ausstrahlung

Vom Innersten her erfolgt auch die Ausstrahlung des eigenen Wesens, das unwillkürliche geistige Ausgehen von sich selbst. Je gesammelter ein Mensch im Innersten seiner Seele lebt, umso stärker ist diese Ausstrahlung, die von ihm ausgeht und andere in seinen Bann zieht. Umso stärker trägt aber auch alles freie geistige Verhalten den Stempel der persönlichen Eigenart, die im Innersten der Seele beheimatet ist. Umso stärker ist ferner der Leib davon geprägt und eben dadurch «vergeistigt». Hier ist der wahre Mittelpunkt des leiblich-seelisch-geistigen Seins.

Edith Stein

7. JANUAR
Neuanfang

In unseren Klöstern ist es Sitte, dass der Mönch zu seinem Taufnamen einen zweiten Namen, einen zusätzlichen Patron, erhält. Es ist das Zeichen für einen Neuanfang und eine Neuorientierung. So erhielt ich bei meiner ersten Profess den heiligen Odilo von Cluny als Begleiter des klösterlichen Lebens … Er ist mir durch seinen Ausspruch lieb geworden, er wolle lieber wegen seiner Barmherzigkeit barmherzig als durch Strenge streng gerichtet werden.

Odilo Lechner

Kontemplation

Gelegentlich wird die Kontemplation nur als Gegensatz zur Aktion gesehen und damit auf recht negative Art definiert. Wenn es so wäre, wäre die Kontemplation der Luxusartikel von Christen, die nicht bereit sind, ihren Glauben unter den Menschen in die Tat umzusetzen. Dagegen sprechen aber die Tatsachen. Es gibt Christen, die sehr im Leben der Menschen engagiert waren, die geradezu von Aktivität sprühten und doch gleichzeitig die Kontemplation in ihrer Fülle kannten. Teresa von Ávila kaufte, führte geschäftliche Verhandlungen, schrieb, und gleichzeitig lebte sie in der Tiefe ihres Lebens aus der engen Verbundenheit mit Gott. Nicht von ungefähr ist diese Frau zum klassischen Typus der Kontemplativen geworden.

Frère Roger, Taizé

Sich Entspannung gönnen

Gönnen Sie Ihrem Geist durch gerechte Entspannung die nötige Ruhe. Gehen Sie draußen allein spazieren, und lauschen Sie der Predigt, die die Blumen, die Bäume und die Kräuter halten, der Himmel, die Sonne, ja die ganze Natur. Sie werden entdecken, dass sie uns von der Liebe und vom Ruhm Gottes predigen, und sie werden Sie einladen, die Großtaten jenes Göttlichen Künstlers zu preisen, der ihnen allen das Sein gegeben hat … Weisen Sie alle Angst und allen Zweifel von sich, denn Gott hält sie in seinen göttlichen Händen, und es wird die Zeit kommen, dass er Ihnen seinen heiligsten Willen kundtun wird.

Paul vom Kreuz

10. JANUAR

Frei werden

Zweifache Mühe hat der Vogel, der sich auf den Leim hingesetzt hat, nämlich: sich losreißen und sich davon reinigen; ebenso auf zweifache Weise leidet, wer sein Bestreben erfüllt: sich losreißen und nach dem Losreißen sich läutern von dem, was davon an ihm haften blieb.

Wer sich von seinen Strebungen nicht fortreißen lässt, wird wie der Vogel, dem keine Feder fehlt, im Geiste mit Leichtigkeit davonfliegen.

Die Fliege, die am Honig klebt, behindert ihren Flug; und ein Mensch, der sich am geistigen Verkosten festhalten will, behindert sein Freiwerden und seine Kontemplation.

Johannes vom Kreuz

11. JANUAR
Ermutigen

Wenn ein Mensch sündigt und es leugnet, indem er spricht: Ich habe nicht gesündigt, so verurteile ihn nicht. Andernfalls nimmst du ihm den Mut. Wenn du aber sagst: Sei nicht mutlos, Bruder, aber hüte dich in Zukunft!, dann erweckst du seine Seele zur Reue.

Abbas Poimen

12. JANUAR
Frei von Urteilen

Urteilen über die andern macht blind für die eigenen Fehler. Schweigen im Blick auf die andern ermöglicht klarere Selbsterkenntnis. Wir hören auf, unsere Fehler auf andere zu projizieren.

Anselm Grün

13. JANUAR
Die Kräfte der Seele

Wie nämlich der Leib des Menschen sein Herz an Größe übertrifft, so übertreffen auch die Kräfte der Seele den Leib des Menschen mit ihrer Kraft. Und wie das Herz des Menschen in seinem Leib verborgen ist, so ist auch sein Leib von den Kräften der Seele umgeben, denn sie erstrecken sich über den ganzen Erdkreis.

Hildegard von Bingen

14. JANUAR
Die Schätze der Seele

Sie haben gesehen, Tochter, wie gut es ist, kein Geld zu haben, das uns gestohlen wird und in Verwirrung bringt, und dass die Schätze der Seele auch verborgen und in Frieden sind, so dass nicht einmal wir um sie wissen noch wir selbst sie zu Gesicht bekommen, denn es gibt keinen schlimmeren Dieb als den im eigenen Haus.

Johannes vom Kreuz

15. JANUAR
Entfaltung der Seele

Wir können nicht unvermittelt vom Unvollkommenen zum Vollkommenen übergehen. Die Seele muss arbeiten wie die Natur, langsam, schrittweise, lückenlos.

Das Feuer beginnt als Rauch, wird dann schwach leuchtende, rauchende Flamme, endlich lautere helle Glut.

Korn, in die Erde gesät, muss faulen und vermodern, erst dann regt sich der junge Keim, sprosst aus der Erde hervor, wächst und reift zur Ähre.

Die Pflanze, aus schlechtem Boden in Fruchtland versetzt, scheint, ausgehoben mit allen Wurzeln, zu sterben. Erst langsam erholt sie sich, grünt wieder und blüht. – So in allen Vorgängen der Natur.

Garcia de Cisneros

16. JANUAR
Zeit der Begegnung

Eine andere Zeit des Gebets ist die «Meditation». Manchmal folgt sie genau dem Wort. Wenn die Seele reifer geworden ist, vereinigt sich die Meditation mit dem Wort. Sie verschmilzt mit ihm oder folgt ihm nach. Es ist die Zeit des Buches, die Zeit, in der man nach dem sucht, was andere von Gott gesagt haben. Es ist die Zeit des Überlegens, des Studierens, des Diskutierens, Zeit der Begegnung – eine herrliche Zeit.

Carlo Carretto

17. JANUAR
Seelenfreiheit

Was Ihre Seele betrifft, ist es das Beste, was sie tun kann, dass sie sich an nichts festhängt und nach nichts bestrebt ist. Es ist angebracht, sich wahrhaft und ausschließlich an den zu halten, der sie führt, denn wäre das anders, hieße das, keine Führung zu wollen. Und wenn eine genügt und sie so ist, dass sie passt, dann bringen alle anderen nichts mehr oder stören nur. Ihre Seele hänge sich an nichts, denn da ja das Beten nicht fehlt, wird Gott schon für sein Eigentum sorgen, denn Sie gehören ja keinem andern Herrn und sollen auch keinem andern gehören.

Johannes vom Kreuz

18. JANUAR
Musik für die Seele

Nein, das spirituelle Leben ist kein Theologieseminar. Es ist viel mehr als ein Studium. Manche Menschen studieren jahrelang Theologie, ohne am Ende auch nur das Geringste über Gott zu wissen. Gott kennenzulernen ist mehr als eine Theorie – es ist eine Erfahrung. Wenn wir Gott kennenlernen möchten, müssen wir genau prüfen, was in uns ist, um über die Grenzen unseres armseligen Selbst hinauszuwachsen. Wir müssen uns fragen, was wir tun müssen, um uns selbst mit der Lebendigkeit des Universums zu füllen und uns im Takt der Musik unserer Seele zu bewegen.

Joan Chittister

19. JANUAR
Irrwege

Der Blinde lässt sich vom Blindenführer nicht richtig führen, wenn er nicht ganz blind ist, sondern, weil er ein bisschen sieht, denkt er, dass es besser sei, dorthin zu gehen, wo er etwas sieht. Denn andere, bessere Wege sieht er nicht. So kann er den, der ihn führt und mehr sieht als er, in die Irre führen, da er ja schließlich mehr zu sagen hat als der Blindenführer. Und so geht der Mensch leicht in die Irre oder lässt sich aufhalten, weil er im Glauben nicht ganz blind bleiben will.

Johannes vom Kreuz

20. JANUAR
Schatzkammer der Seele

Wenn es zum Erweis von Bildung bedeutsam ist, vieler Menschen Städte gesehen und deren Gebräuche kennengelernt zu haben, so wird diesen Vorteil, glaube ich, in kurzer Zeit der Umgang mit dir gewähren. Denn was ist für ein Unterschied, ob man viele einzeln sieht oder einen, der eine Erfahrung gleich der aller zusammen aufzuweisen hat? Ja, ich möchte eher behaupten, bei weitem den Vorzug verdient, was die Erkenntnis des Guten mühelos verschafft und zur Kenntnis der Tugend führt ohne die Berührung mit dem Bösen. Ob eine treffliche Handlung, ob eine denkwürdige Rede, ob öffentliche Maßnahmen überragender Männer – alles ist in der Schatzkammer deiner Seele geborgen.

Basilius der Große

21. JANUAR
Aufrichtigkeit

Anders muss man Aufrichtige, anders Unaufrichtige ermahnen. Aufrichtige muss man loben wegen ihres Strebens, nie eine Unwahrheit zu sagen, aber ihnen auch ins Gedächtnis rufen, dass man bisweilen die Wahrheit verschweigen muss. Denn wenn es auch wahr ist, dass die Lüge immer den Lügner schlägt, so hat auch die Wahrheit bisweilen schon denen geschadet, die sie gehört haben. Darum schweigt der Herr und schließt seine Rede an die Jünger mit den Worten: «Noch vieles habe ich euch zu sagen, aber ihr könnt es jetzt nicht tragen.» Man muss also die Aufrichtigen ermahnen, die Wahrheit immer nur in nutzbringender Weise vorzubringen, so wie sie ja auch immer nur in nutzbringender Weise die Lüge meiden. Man muss sie ermahnen, mit der Tugend der Aufrichtigkeit die Klugheit zu verbinden; sie sollen in ihrer Aufrichtigkeit ein solch sicheres Verhalten besitzen, dass sie die vorsichtige Klugheit darüber nicht verlieren.

Gregor der Große

22. JANUAR
Nahrung für die Seele

Die Priorin denke daran, dass gute Bücher da seien, insbesondere die Kartäuser, das Oratorium der Ordensleute und andere, denn in gewissem Sinn ist diese Nahrung für die Seele ebenso notwendig wie die Speise für den Leib.

Teresa von Ávila

23. JANUAR
Der wöchentliche Dienst des Tischlesers

Beim Tisch der Brüder darf die Lesung nicht fehlen. Doch soll nicht der Nächstbeste nach dem Buch greifen und lesen, sondern der vorgesehene Leser beginne am Sonntag seinen Dienst für die ganze Woche. Wer den Dienst antritt, erbitte nach der Messe und der Kommunion das Gebet aller, damit Gott den Geist der Überheblichkeit von ihm fernhalte … So erhält er den Segen und beginnt dann seinen Dienst als Leser. Es herrsche größte Stille. Kein Flüstern und kein Laut sei zu hören, nur die Stimme des Lesers.

Benedikt von Nursia

24. JANUAR
Aus einfachen Dingen lernen

Wissen allein macht nicht reich … Wissen kann angelernt sein, kann angehäufte Kenntnis bedeuten, muss aber nicht verdaute Kenntnis, Er-kenntnis sein. Was immer wir an Wissen, an von anderen uns übermittelten Erfahrungen in uns aufnehmen, es ist nicht damit getan, es anzusammeln und gegebenenfalls weiterzugeben; viel wichtiger ist, dass man dieses Wissen, diese Erfahrung im persönlichen Leben, in Geist und Seele ummünzt. Dass man für sich und andere «Trost und Freude» mitnimmt; dass man bereit ist, aus einfachen Dingen zu lernen, dass man sich als Lernender begreift und erfährt.

Adalbert Ludwig Balling

25. JANUAR
Das Wissen lieben

Wie sehr man nun erst das Wissen liebt, und welchen Widerwillen die menschliche Natur gegen die Täuschung hat, lässt sich schon daraus erkennen, dass jedermann Trauer bei gesundem Geiste der Freude in Verwirrung vorzieht. Diese mächtige und wunderbare Fähigkeit ist unter allen sterblichen Lebewesen allein dem Menschen eigen. Wenn auch manche einen viel schärferen Gesichtssinn haben zum Schauen des körperlichen Lichts, zu dem unkörperlichen Licht vermögen sie doch nicht vorzudringen, durch das unser Geist gleichsam bestrahlt wird, so dass wir über all das richtig urteilen können.
Aurelius Augustinus

26. JANUAR
Horchen und gehorchen

Gehorsam hat für uns gewöhnlich keinen guten Klang mehr, da er zu oft missbraucht worden ist. Oder wir meinen, er sei einfach eine Sache der Bequemen und Schwachen. Aber für den hl. Benedikt ist es umgekehrt: Ungehorsam ist Trägheit, Nachlässigkeit gegenüber dem Anruf dessen, was aus mir werden soll … Horchen und gehorchen aber ist Anstrengung und Mühe, alle Selbstgenügsamkeit des Bestehenden zu verlassen und das zu erfüllen, was Gabe und Aufgabe des schöpferischen Ursprungs ist.
Odilo Lechner

Die innere Zelle

Da verkohlt meine Kapsel
die Grube wird Gang
der Beton Behang

und im Innern
der innersten Zelle
braust Glut und Helle
und reißt mich hinein
in die neue Geburt.

Da habe ich erfahren, dass das Licht im Innern jemand
ist. An Gott hatte ich immer geglaubt. Mein Glaube war
aber stumpf, dumpf und lahm und blind gewesen. Jetzt
sah ich, was Glauben heißt: Gott als Wirklichkeit erfahren
und annehmen. Das ist: im Licht sein.
Silja Walter

28. JANUAR
Ein edles Kunstwerk

Es ist schön, vor einem sehr edlen Kunstwerk lange Zeit zu weilen; zu lesen, ein Gespräch zu führen und zwischendurch immer wieder hinzuschauen. Dann tritt es immer wieder neu hervor. Von der abstrakten, weiß und schwarzen Farbe des Druckbildes weg ersteht in immer neuer Frische die Gestalt. Aus den verschiedenen Gegenständen der Unterhaltung heraus geschieht immer neue Begegnung, und es erschließt sich Seite um Seite der schönen Welt dort. Es ist ein kleiner Ersatz dafür, wie man eigentlich mit einem Kunstwerk sein sollte.

Romano Guardini

29. JANUAR
Eine Kerze am Abend

Wir können die Erlebnisse des Tages jeden Abend mit der Familie vertiefen, indem wir ein kleines Teelicht am Fenster entzünden. Eine/r aus der Familie sagt, für wen diese Kerze an diesem Abend in die Nacht hinein brennen soll. Dabei werden Menschen in Not in nächster Nähe und/oder Menschen beim Namen genannt, denen die Kinder in den Nachrichten begegnet sind. Die Kerze wird zum Zeichen der Verbundenheit mit Kranken, Ausgegrenzten, Verfolgten. Das Entzünden der Kerze eignet sich auch gut, um jeden Tag für etwas zu danken.

Pierre Stutz

30. JANUAR
Abendlicher Himmel

Ganz weiter Raum vor mir; offener, abendlicher Himmel.
Der Tag ist regnerisch gewesen. So stehen nach Osten hin
große, hochgeschichtete Wolkenberge. Zarte Farben auf
lichtblauem Grund; Grau vor allem, reich getönt, rötlich,
gelb. Ganz hoch droben aber, im blasseren Blau, ragt eine
Kuppel, allein noch besonnt, und leuchtet golden. Wie
ein Lächeln und eine Sehnsucht geht der Gedanke durch
den Sinn: «Selig ist das!» Kurz nur, ganz kurz. Bald ist
alles vorbei, und bloß ein fein verschwimmendes Rot erinnert noch an die vorübergegangene Herrlichkeit.
Romano Guardini

31. JANUAR
Zum Ziel

Es genügt nicht, einen Gedanken schön zu finden, auch
nicht, bloß einen Entschluss zu fassen. Nur durch Selbst-
überwindung gelangt man zum Ziel.
Vinzenz von Paul

Februar
Pfade der Tugend

1. FEBRUAR
Der zweite Monat

Der zweite Monat ist seinem Wesen nach reinigend und wird in den Augen versinnbildlicht. Denn wenn die Augen wässrig, unrein und krank sind, reinigen sie sich bisweilen selbst. So ist auch die Seele im Menschen wie der Saft im Baum. Denn wie durch den Saft alle Früchte des Baums wachsen, so werden auch durch die Seele alle Werke des Menschen ausgeführt.

Hildegard von Bingen

2. FEBRUAR
Demut und Selbstverleugnung

Demut und Selbstverleugnung sind Schwestern, die man nicht trennen sollte. Mit ihnen kann man gegen die Welt und ihre Fallstricke, ja gegen die ganze Hölle zum Kampfe antreten. Dennoch ist es wahr, dass niemand, der diese Tugenden besitzt, das weiß. Sie verbergen sich ihm derart, dass, selbst wenn man ihn auf ihren Besitz aufmerksam machte, er es nicht glauben würde. Er meint, keine dieser Tugenden zu besitzen. Doch schätzt er sie so sehr, dass er sich ständig um sie bemüht, und so wird er, ohne es zu wissen, in ihnen immer vollkommener.

Teresa von Ávila

3. FEBRUAR
Demütig leben

Wie wir die Demut leben können:
- Möglichst wenig von sich selbst sprechen;
- sich nicht in die Angelegenheiten anderer einmischen;
- Neugier meiden;
- Widerspruch und Zurechtweisungen froh und gelassen annehmen;
- über die Fehler anderer hinwegsehen;
- Beleidigungen und Kränkungen hinnehmen; …
- nicht danach streben, bevorzugt oder bewundert zu werden; …
- nie die Würde eines anderen verletzen; …
- immer das Schwierigere wählen.

Mutter Teresa

4. FEBRUAR
Empfehlung christlicher Tugenden

Stehet also darin fest und folget dem Beispiel des Herrn, fest und unverwandelbar im Glauben, Freunde der Brüderlichkeit, in gegenseitiger Liebe in Wahrheit geeint. Dienet einander in der Sanftmut des Herrn, verachtet niemand! Wenn ihr Gutes tun könnt, schiebt es nicht auf, weil Almosen vom Tode befreit! Seid alle einander untertan, führt einen untadeligen Wandel, damit durch eure guten Werke ihr Ruhm erlangt und der Herr in euch nicht gelästert werde.

Apostolische Väter

5. FEBRUAR
Das Antlitz der Seele

Das Gewissen ist das Antlitz der Seele. Sein wechselnder Ausdruck kündet das Verhalten der Seele genauer als der Wechsel im menschlichen Mienenspiel Gemütsbewegungen kündet. Sogar das äußere Antlitz des Menschen ist nur Widerschein seines Gewissens. Freilich, nur sehr wenig von dem, was in einer menschlichen Seele lebt, tritt in seinem Antlitz zutage. Aber dieses wenige genügt, um beredt von dem Gewissen zu zeugen.

Thomas Merton

6. FEBRUAR
Innere Vollkommenheit

Menschen, die von Anfang an den richtigen Weg gehen, halten also nicht an sichtbaren Gerätschaften fest und belasten sich damit nicht. Sie legen auch keinen Wert darauf, mehr zu wissen, als man wissen muss, damit man ans Werk gehen kann. Ihre Augen richten sie nur darauf, mit Gott gut zu stehen und ihm zu gefallen … So geben sie mit großer Hochherzigkeit alles her, was sie haben, und es gefällt ihnen gut zu wissen, dass sie für Gott und aus Nächstenliebe ohne all das auskommen, egal, ob es sich nun um profane oder geistliche Dinge handelt. Sie richten ihre Augen einzig auf die wahre innere Vollkommenheit.

Johannes vom Kreuz

7. FEBRUAR
Seelenfrieden

Auf wissenschaftlichem Gebiet lässt sich der Unterschied zwischen einem Eifrigen und einem Nachlässigen deutlich erkennen; aber ganz derselbe Unterschied besteht auch, wo es sich um die Überwindung unserer Leidenschaften und Schwächen, denen unsere Natur unterworfen ist, und um die Erwerbung von Tugenden handelt. Denn es ist gewiss, dass die Schlaffen, weil sie nicht ernstlich gegen sich angehen, spät oder nie zum Frieden der Seele gelangen und auch nicht zum wirklichen Besitz einer Tugend; die Entschiedenen und Eifrigen aber bringen es in kurzer Zeit zu etwas Rechtem auf beiden Gebieten.

Ignatius von Loyola

8. FEBRUAR
Demütige sind dankbar

In einem kleinen Städtchen an der Saar. Eine alte Frau verlässt das Altersheim, schlurft langsam und vorsichtig auf dem Gehsteig entlang. Bleibt vor einem Zebrastreifen stehen. Wartet am Straßenrand.

Ein Lastwagen braust heran, stoppt. Hinter ihm eine Autoschlange. Der LKW-Fahrer macht der alten Dame ein Zeichen; sie möge hinübergehen.

Diese winkt freundlich ab und ruft dem Fahrer zu: «Danke! Sehr lieb und nett von Ihnen. Aber ich habe ja Zeit. Viel Zeit!» Der Laster fährt etwas weiter, dann parkt der Fahrer sein Vehikel, steigt aus und geht zurück zu der alten Frau. Er gibt ihr die Hand und sagt: «Ich muss mir

doch den Menschen etwas näher ansehen, der heute noch
Zeit hat!» Grüßt die alte Dame, gibt ihr nochmals die
Hand und geht wieder zurück zu seinem Fahrzeug.

Adalbert Ludwig Balling

9. FEBRUAR
Gute Gedanken

Wenn die Gedanken des Menschen weder zu verhärtet in
Hartnäckigkeit noch in Leichtfertigkeit zu schlüpfrig
sind, sondern dem Menschen und Gott entsprechend in
der Ehrenhaftigkeit der Sitten gut und passend sind, machen sie den Menschen in seinem Körper durch Sanftmut
ruhig und in seinem Wissen genau. So flieht er vor der
Gunst der Welt und weicht nicht nach rechts oder links
ab, sondern er seufzt, von möglichst vielen Tugenden un-
terstützt, nach den himmlischen Freuden.

Hildegard von Bingen

10. FEBRUAR
Hochachtung

Bemüht euch, einander stets mit herzlicher Hochachtung
zu begegnen, die sich durch ein frohes Gesicht kundtut.

Vinzenz von Paul

11. FEBRUAR
Betrachtung

Die Betrachtung ist das, was die Seele für den Leib ist. Die Seele ist das Leben des Leibes, und die Betrachtung ist das Leben der Seele. Und wie der Leib ohne Seele ein Leichnam ist, so ist ein Mensch ohne Betrachtung ohne Kraft.

Louise von Marillac

12. FEBRUAR
Zurückhaltung

Der Altvater Pambo fragte den Altvater Antonius: «Was soll ich tun?» Der Alte entgegnete: «Baue nicht auf deine eigene Gerechtigkeit und lass dich nicht ein Ding gereuen, das vorbei ist, und übe Enthaltsamkeit von der Zunge und vom Bauch.»

Anselm Grün

13. FEBRUAR
Verzicht auf Worthülsen

Nicht reden ohne Nutzen, sondern nur zu eigenem oder des Nächsten Nutz. Alle Dinge drangeben, die nicht zum Fortschritt der Seelen taugen, so die Sucht Neuigkeiten zu hören und weltläufige Dinge. Immer nur sprechen von Fragen, die um Demut und die Verleugnung des Willens gehen, und nicht von Dingen, die zum Lachen reizen oder zu Gerüchten Anlass geben.

Ignatius von Loyola

14. FEBRUAR
Früchte des Lebens

Die Frucht der Stille ist Gebet.
Die Frucht des Gebets ist Glaube.
Die Frucht des Glaubens ist Liebe.
Die Frucht der Liebe ist Dienst.
Die Frucht des Dienstes ist Friede.

Mutter Teresa

15. FEBRUAR
Ein spiritueller Mensch

Religion und Spiritualität sind nicht dasselbe, auch wenn sie oft miteinander verwechselt werden. «Sie geht jede Woche in die Kirche», sagen wir. «Sie ist ein sehr spiritueller Mensch.» … Es ist eine interessante Verbindung, die hier zwischen zwei völlig unterschiedlichen Vorstellungen hergestellt wird. So, als würde man sagen: «Sie ist eine hervorragende Sängerin. Sie nimmt seit Jahren Gesangsunterricht.» Sicherlich gibt es eine Verbindung zwischen Gesangsstunden und einer Karriere als Sängerin, aber keine notwendige. In Wahrheit können wir die hinreichenden Bedingungen für eine bestimmte Sache jahrelang erfüllen und doch nie zu dem werden, zu was es uns eigentlich machen sollte.

Joan Chittister

16. FEBRUAR
Gehorsam

Wenngleich ich Ihnen in allen Tugenden und geistlichen Gnaden jegliche Vollkommenheit wünsche, so gibt mir doch … Gott, unser Herr den Wunsch, Sie möchten sich ganz besonders im Gehorsam, mehr als in irgendeiner anderen Tugend, wahrhaft auszeichnen. Denn der Gehorsam allein ist die Tugend, die die übrigen Tugenden im Herzen einpflanzt und bewahrt. Solange diese blüht, wird man alle übrigen blühen und die Frucht bringen sehen.

Ignatius von Loyola

17. FEBRUAR
Tiefe Stille

Wie herrlich ist die weite Bahn über den geraden Kanal hin, durch die großen Wände der Bäume! Die Luft streicht rein hindurch und duftet vom harzigen Atem der durchsonnten Wälder und vom Ruch der Wiesen, auf denen das Heu trocknet. Ganz still ist alles – und noch einmal tiefer still, wenn man auf das Wasser achtet, das lautlos strömt.

Romano Guardini

18. FEBRUAR
Wohlwollen

Anders muss man Wohlwollende und anders Neidische ermahnen. Die Wohlwollenden muss man darauf hinweisen, sie sollen sich so an fremdem Besitz erfreuen, dass sie selbst solchen zu erlangen wünschen. Sie sollen den Handlungen anderer Leute so wohlwollenden Beifall spenden, dass sie sie sogar nachahmend vervielfältigen. Denn wenn sie in der Rennbahn des Lebens dem Ringen anderer zwar ergeben Beifall spenden, dabei aber bloß müßige Zuschauer bleiben, erhalten sie auch nach dem Wettkampf keinen Preis, weil sie sich am Ringen nicht beteiligt haben; und traurig müssen sie dann die Siegespalmen der anderen betrachten, bei deren Mühen sie untätig waren.

Gregor der Große

19. FEBRUAR

Bereuen

Sünde ist die schärfste Geißel, mit der eine auserwählte Seele gezüchtigt werden kann, und diese Geißel schlägt die Menschen völlig darnieder und zerbricht sie völlig und lässt sie in ihren eigenen Augen nichtig erscheinen, so sehr, dass es ihnen dünkt, sie seien zu nichts mehr würdig, außer in die Hölle zu versinken. Aber wenn die Reue sie durch die Berührung des Heiligen Geistes erfasst, so wandelt sie die Bitterkeit in Hoffnung auf göttliches Erbarmen um, und dann beginnen ihre Wunden zu heilen und die Seele zu erwachen.

Julia von Norwich

20. FEBRUAR

Reden mit Bedacht

Zu allererst muss man darauf bedacht sein, von der Gabe der Sprache nicht unklug Gebrauch zu machen, sondern fragen ohne Händelsucht, antworten ohne Ehrsucht, nicht unterbrechen den Redenden, wenn er etwas Nützliches sagt, nicht vorlaut seine Weisheit anbringen wollen. Maßhalten im Reden und Hören, lernen, ohne sich zu genieren, lehren ohne Neid. Und hat man von einem andern etwas gelernt, so soll man es nicht verheimlichen, sondern in edler Gesinnung den Vater der Lehre laut nennen.

Basilius der Große

21. FEBRUAR

Vier Stufen des christlichen Lebenswandels

Mein in Gott geliebter Freund, wisse, dass es nach meiner ungelehrten Meinung vier Stufen und Formen des christlichen Lebens gibt, und diese sind: die gewöhnliche, die besondere, die erwählte und die vollkommene Stufe. Die ersten drei Stufen und Formen können in diesem Leben begonnen und zu Ende geführt werden, mit der vierten dagegen kann man zwar durch Gottes Gnade hienieden beginnen, aber sie wird nie enden, sondern ewig währen in der Wonne des Himmels.

Wolke des Nichtwissens

22. FEBRUAR

Türhüter des Herzens

Sei ein Türhüter des Herzens und lass keinen Gedanken ohne Befragung herein. Befrage einen jeden Gedanken einzeln und sprich zu ihm: Bist du einer der unseren oder einer unserer Gegner? Und wenn er zum Hause gehört, wird er dich mit Frieden erfüllen. Wenn er aber des Feindes ist, wird er dich durch Zorn verwirren oder durch eine Begierde erregen.

Evagrius Ponticus

23. FEBRUAR
Reine Liebe

Die heilige, reine Liebe ist ein so vollkommener Stand, dass derjenige, der das Glück hat, sie zu besitzen, wie in einem kleinen Paradies in dieser Welt lebt.

Louise von Marillac

24. FEBRUAR
Verständige Nächstenliebe

Die heilige Schrift sagt, verständige Nächstenliebe beginne bei sich selbst. Die Gerechtigkeit fordert, nicht nur andern zu dienen, sondern sich auch der eigenen Seele anzunehmen. Setzt für die Armen eine bestimmte Zeit fest, und kümmert euch nicht um das Gerede der Leute, sondern tut, was ihr zu tun habt. Wir müssen zwar den Armen dienen, dürfen uns aber nicht selbst verlieren.

Vinzenz von Paul

25. FEBRUAR
Spirituelle Suche

Tatsache ist, dass nicht nur das Christentum, sondern alle
großen religiösen Traditionen die Menschen, die ihr
Leben der spirituellen Suche widmen, als Vorbilder und
Führer, als Symbole und Wächter der grundlegenden
Lebensfragen hinstellen. Swamis und Gurus, Fakire und
Priester widmen sich mitten im Weltlichen den Fragen
der Heiligkeit. Und es ist gut für uns alle, dass sie das tun.

Joan Chittister

26. FEBRUAR
Erweckung der guten Meinung

Die Absicht, in der man ein Werk verrichtet, ist gleichsam
die Seele des Werkes. Je reiner, vollkommener sie ist, je
mehr sie der Gottesliebe entspricht, desto besser und ver-
dienstvoller ist bei sonst gleichen Umständen das gute
Werk. Deshalb sollten wir möglichst oft die gute Meinung
erwecken.

Bernhard van Ackern

27. FEBRUAR
Dankbarkeit

Wenn wir das Leben nicht als Geschenk betrachten, dann wird es anstrengend und mühsam. Wo die Liebe rechnet, stirbt sie. Wir können unseren Tag einteilen, strukturieren, berechnen und abrechnen. Aber das Eigentliche im Leben können wir nicht einplanen, einfordern und erzwingen. Wir brauchen nur mit offenen Sinnen durch die Welt zu gehen, und Dankbarkeit wird uns beinahe überwältigen. Wenn ich mit dankbaren Augen und dankbarem Herzen auf mein Leben schauen lerne, bleibe ich innerlich lebendig.

Gisela Ibele

28. FEBRUAR
Auf die innere Stimme hören

Das Kloster will also zunächst eine Schule des Hörens sein. Benedikt lebt aus der Grundüberzeugung, dass der Mensch ein von Gott Angesprochener, ein Angerufener ist. Das ist nicht selbstverständlich, denn wir leben gerade heute in einer Welt des Lärms, der vielen Appelle und Angebote, der vielen verlockenden Stimmen, die uns in ganz verschiedene Richtungen ziehen. Und wir verspüren in uns vielfältiges Verlangen und Begehren, eine Menge von Vorstellungen der eigenen Fantasie. Und doch ist da eine Stimme, die wir so leicht überhören, und der wir uns, wenn wir sie vernehmen, auch (leichtfertig) verschließen können.

Odilo Lechner

29. FEBRUAR
Lächeln

Schönheitsinstitute arbeiten mit tausend Mitteln, um die Fassade der Menschen auf Hochglanz zu bringen. Eine teure Kunst. Auf Zeit! Denn unerbittlich naht das Verfallsdatum. Versuch eine neue Methode. Sie kostet nichts und wirkt trotzdem: freundliches Lächeln. Es geht nicht um das künstliche Lächeln, das aufgesetzt wird, um Kunden zu gewinnen. Es geht um das Lächeln, das aus innerem Frieden kommt, aus der Freude eines guten Herzens. Auch wenn deine Nase kurz oder lang, spitz oder platt geraten ist, wenn du Falten oder Sommersprossen hast, wenn dein Haar grau geworden ist: Durch Lächeln leuchtet dein Gesicht, und das macht dich für jeden schön.

Phil Bosmans

März

Einkehr bei sich selbst

1. MÄRZ
Das Heft des Lebens

Wer führt in unserem Leben eigentlich Regie? Wir sind feinfühlig auf unsere Freiheit und Selbstständigkeit bedacht und reagieren entrüstet, sobald sie mit gewissen Zumutungen konfrontiert werden. Dieser Mechanismus unserer Unabhängigkeit funktioniert peinlich genau, wenn es um unsere Position, unsere Meinung, unsere Zeit, unsere Rechte und Privilegien geht. Aber stimmt es tatsächlich, dass wir das Heft unseres Lebens selber in der Hand haben? Wenn wir den Wald unserer Interessen, Wünsche und Pläne etwas näher durchforsten, dann entdecken wir darin wenig Eigenbau. Vieles davon ist von anderen Stellen bezogen, diktiert oder suggeriert. Wir kennen die gut gemeinten Zwänge der öffentlichen Meinung und der Gesellschaft. Wie leicht lassen wir uns etwas aufschwätzen oder einreden! Wie unkritisch übernehmen wir Vorstellungen und Praktiken anderer, die nur den einen Vorteil aufweisen, dass sie neu und anders sind! ... Es ist wert, darüber ehrlich nachzudenken, wer das Steuer unseres Lebens in der Hand hält. Wie leichtfertig und unkontrolliert treten wir unsere Freiheit an andere ab.

Christian Schütz

2. MÄRZ
Zeit haben

Immer habe ich den Wunsch, Zeit zum Lesen zu haben, da ich immer sehr daran gehangen habe. Ich lese nur sehr wenig, denn sobald ich ein Buch zur Hand nehme, gerate ich zu meiner Befriedigung in innere Sammlung, und so wird aus der Lesung inneres Beten. Doch das ist selten, da ich immer vielen Beschäftigungen nachgehe, und zwar durchaus guten, doch verschaffen sie mir nicht diese innere Befriedigung, die mir jenes gäbe, so dass ich immer den Wunsch nach mehr Zeit habe.

Teresa von Ávila

3. MÄRZ
Warum nicht einmal nichts tun?

Was tun, wenn heute nichts im Fernsehen kommt? Hoffentlich kommt was! Etwas Spannendes, Aufregendes! Meinetwegen auch ein Krimi. Oder eine Dokumentation. Was mache ich sonst bloß mit dem Abend?

Mit Sicherheit wird etwas kommen! Aber ob es Spaß macht zuzuschauen? Ob ich zwischendrin nicht doch mal abschalten, zum Buch greifen, etwas Schönes lesen sollte? Oder eine Platte auflegen?

Aber warum unbedingt etwas tun? Warum nicht einfach einmal nichts tun?

Nichtstun vertragen die wenigsten Leute, dabei täte es ihnen so gut! Einfach mal nichts zu tun. Rein nichts. Allenfalls denken, nachdenken, meditieren …

Adalbert Ludwig Balling

4. MÄRZ
Meditieren

Meditieren heißt: stromauf schwimmen, um an die Quelle
zu kommen.
Es bleibt immer was hängen.
Was du auch sagst, hörst, liest oder anschaust –
es bleibt immer was hängen.
Auch wenn du Gottes Wort hörst –
es bleibt immer was hängen.
Kyrilla Spieker

5. MÄRZ
In Betrachtung verweilen

Im Umkreis der großen Tempelanlagen befinden sich, wie
Schwalbennester zwischen die Felsen geklebt, Einsiede-
leien. Immer ist ein Buddhaschrein dabei mit Altar, Ge-
mälden und Figuren von drohenden Geistern, die das
Böse fernhalten sollten. Der Einsiedler öffnet den Schrein
am Morgen und schließt ihn, wenn die Sonne sinkt und
die Nacht einbricht. Man sagt, dass ein solcher Einsiedler-
mönch den ganzen Winter wegen des tiefen Schnees
nicht aus dem Haus gehen kann. Seinen Lebensbedarf hat
er sich im Herbst zusammengebettelt, und so verweilt er
monatelang nur in Betrachtung und Gebet.
Gertrud Link

6. MÄRZ
Die Tiefe des Wesens

Das Feuer erwärmt uns, nicht der Rauch. Das Schiff trägt uns über das Meer, nicht das brandende Meer. Was wir sind, müssen wir in der dunklen Tiefe unseres Wesens suchen, nicht im äußeren Widerschein unserer Handlungen. Unser wahres Ich müssen wir nicht im aufschäumenden Zusammenprall unseres Wesens mit den Wesen rings um uns erkennen, sondern in der eigenen Seele, dem Urgrund all unseres Tuns.

Thomas Merton

7. MÄRZ
Das Gute suchen

Das Gute ist heute in unserer Umgebung eigentlich kein Thema. Medien berichten viel ausführlicher vom Gegenteil des Guten. Wir selber sind versucht, unsere Aufmerksamkeit mehr auf das zu richten, was durch seine Negativität aus der Rolle fällt. Im Grunde ist es nur schwer verständlich, warum das Gute sich so verstecken muss und totgeschwiegen wird. Es muss sich fast für sein Dasein entschuldigen, Partei ergreifen und rechtfertigen … Der Eindruck, dass das Gute unwahrscheinlich einsam, ohnmächtig und hilflos in unserer Welt dasteht, ist keineswegs übertrieben. Diese Beobachtungen sagen: Das Gute geschieht nicht von selbst und versteht sich auch nicht von selbst.

Christian Schütz

8. MÄRZ
Selbsterkenntnis

Deine Besinnung muss bei dir selbst beginnen, damit du
dir selbst nicht gleichgültig geworden, dich vergeblich
anderen zuwendest. Was nützt es dir, wenn du die ganze
Welt gewinnst und einzig dich verlierst? Denn wärest du
auch weise, so würde es dir doch an Weisheit fehlen, solange du über dich selbst nicht Bescheid weißt.

Bernhard von Clairvaux

9. MÄRZ
Der Tempel meines Herzens

Dort in dem Tempel sind die Menschen ehrfürchtig geborgen, die mich durch ihre Liebe verändert haben …
und jene, die ich durch meine Liebe verändert habe.
Wenn ich meine Andacht beendet habe, lege ich jedem
von ihnen die Hände auf, um die Gnaden, die Gott mir
im Gebet geschenkt hat, mit ihnen zu teilen … Zu wie
vielen dieser Menschen kann ich sagen: «Ich weiß sicher,
dass deine Liebe zu mir ewig bleibt?» Zu wie vielen darf
ich sagen: «Sei gewiss, dass meine Liebe zu dir niemals
aufhört?»

Anthony de Mello

10. MÄRZ
Auf sich selbst achten

Wenn du auf dich selbst achthast, wirst du dies und noch mehr finden, was deinetwegen erfolgt ist; du wirst an dem Bereitliegenden dich freuen und bei etwaigem Mangel nicht kleinmütig werden! Überall gegenwärtig, wird das Gebot dir eine große Hilfe sein. Ein Beispiel: Wenn der Zorn über vernünftige Überlegung obsiegt, und du in der Aufwallung zu ungehörigen Worten und üblen, bestialischen Handlungen gereizt bist, dann brauchst du bloß auf dich selbst zu achten, und du wirst die Wut wie ein unbändiges, zügelloses Füllen mit dem Hieb der Vernunft wie mit einer Peitsche bändigen; du wirst deine Zunge beherrschen und an den, der dich gereizt, nicht Hand anlegen.

Basilius der Große

11. MÄRZ
Sich selbst annehmen

Ich möchte nicht gesagt haben, dass du deinen Leib hassen sollst. Liebe ihn! Er ist dir ja zur Hilfe gegeben und dazu geschaffen, an deiner ewigen Seligkeit teilzunehmen … Die Seele soll ihren Leib lieben, aber noch besser soll sie ihr eigenes Leben bewahren.

Bernhard von Clairvaux

12. MÄRZ
Die Mitte finden

Im Bauen, in verschiedenen Räumen eines Klosters mani-
festiert sich, worum es im benediktinischen Leben geht:
eine Mitte zu finden, Gott zu loben, maßvoll zu leben, in
rechter Weise zu schlafen und zu essen, zu arbeiten und
zu lesen, den Kranken und Armen Raum zu geben, die
Heilsbotschaft weiterzugeben an andere Menschen.

Odilo Lechner

13. MÄRZ
Der Mittelpunkt

Ich denke mir, ich begebe mich an einen einsamen Ort.
Ich verbringe einige Zeit damit, die Gegend zu erkunden.
Dann lasse ich mich nieder, um mein Leben zu betrachten. Ich sehe, wie oft ich nach außen jage – nach Menschen, Beschäftigungen, Orten, Dingen –, auf der Suche
nach Kraft und Ruhe und Sinn, und dabei vergesse, dass
die Quelle all dessen hier in meinem Herzen ist. Hier
muss ich sie suchen.

Anthony de Mello

14. MÄRZ
Der rechte Weg

Um dahin zu kommen, alles zu verschmecken,
wolle an nichts Geschmack haben.

Um dahin zu kommen, alles zu wissen,
wolle von nichts etwas wissen.

Um dahin zu kommen, alles zu besitzen,
wolle in nichts etwas besitzen.

Um dahin zu kommen, alles zu sein,
wolle in nichts etwas sein.

Um zu dem zu kommen, was du nicht verschmeckst,
musst du einen Weg gehen, wo du nicht verschmeckst.

Um zu dem zu kommen, was du nicht weißt,
musst du einen Weg gehen, wo du nicht weißt.

Um in Besitz dessen zu kommen, was du nicht besitzest,
musst du einen Weg gehen, wo du nicht besitzest.

Um zu dem zu kommen, was du nicht bist,
musst du einen Weg gehen, wo du nicht bist.
Johannes vom Kreuz

15. MÄRZ
Stille Zeiten

Was man einer alleinerziehenden Mutter mit drei Kindern raten kann, die einen spirituellen Weg gehen möchte? Ich ermutige sie dazu, sich irgendwo in ihrem Alltag eine stille Zeit zu suchen; etwa, wenn die Kinder im Kindergarten sind oder schlafen. Es muss wenigstens ein paar Minuten am Tag geben, an denen sie Zeit für sich hat. Diese stille Zeit sollte sie nutzen, und zwar am besten jeden Tag zur selben Stunde. Wichtig ist, dass diese Zeit von vornherein in den Tagesablauf eingebaut ist … Leichter haben es die vielen alleinlebenden Menschen unserer Gesellschaft – Singles, Alte, Pendler –, die in der Regel ihre Zeit recht gut organisieren können. Aber wie dem auch sei: Entscheidend ist die Regelmäßigkeit der Übung – dass sie so selbstverständlich wird wie das morgendliche Zähneputzen.

Willigis Jäger

16. MÄRZ
Seine Zelle bauen

Eremitenzellen gibt's nicht bloß in Waldeinsamkeit. Allerorts können wir uns eine Zelle bauen – ich meine, indem wir die Welt wahrhaft von innen heraus verlassen, aus uns entfernen all ihren wüsten Lärm, ihre zerstreuenden Sorgen und Geschäfte.

Garcia de Cisneros

17. MÄRZ
Die Zuflucht der Zelle

Es ist sehr gut für uns, dass wir in unserer Zelle Zuflucht suchen, und dass wir viel über uns selbst während unseres Lebens nachdenken, bis wir wissen, welcher Art wir sind. Wenn du in der Zelle aushältst, dann hast du acht auf deinen Tod. Wenn du beständig Tag und Nacht betest, dann erwartest du deinen Tod.

Abbas Antonius

18. MÄRZ
Reifung

Sich nicht mehr auszuhalten, von einem zum andern zu hüpfen, das ist heute üblich. Man kann sich so gut zerstreuen. Man braucht nur alle Programme des Fernsehers durchzuspielen. Aber was geschieht da in der Seele? Es kann nichts mehr reifen, nichts mehr wachsen. Es geschieht keine Wahrheit. Reifung braucht Ruhe.

Anselm Grün

19. MÄRZ
Straße des Lebens

Das Leben hat viele Phasen, und jede von ihnen ist tiefer und geheimnisvoller als die vorangegangene. Gerade dann, wenn wir denken, wir hätten endlich «unseren Weg gefunden» – was immer man sich auch darunter vorstellt –, fällt die Straße plötzlich ab, führt in eine andere Richtung, macht einen scharfen Knick oder schlängelt sich zu Orten, die wir nie erreichen wollten oder nie zu erreichen gehofft haben.

Joan Chittister

20. MÄRZ
Die Wüste suchen

Wenn man von Wuste für die Seele spricht, wenn man sagt, dass in deinem Leben Wüste da sein müsse, dann darfst du nicht nur daran denken, in die Sahara, in die Wüsten am Sinai oder sonstwo zu gehen. Einen solchen Luxus können sich sicher nicht alle leisten, einen so radikalen Abschied vom gewöhnlichen Leben … Der gleiche Weg gilt nicht für alle. Wenn du nicht in die Wüste gehen kannst, musst du dennoch in deinem Leben «Wüste machen». Bring ein wenig Wüste in dein Leben, verlass von Zeit zu Zeit die Menschen, such die Einsamkeit, um im Schweigen und anhaltendem Gebet deine Seele zu erneuern! Das ist unentbehrlich. Das bedeutet «Wüste» in deinem geistlichen Leben.

Carlo Carretto

21. MÄRZ
Demut

Du bleibst recht armselig, solange du nicht entdeckt hast, dass man nicht mit offenen Augen am besten sieht. Du bleibst recht naiv, solange du nicht weißt, dass man mit verschlossenen Lippen ein Schweigen erzielen kann, viel reicher als ein Schwall von Worten. Du bleibst so lange recht ungeschickt, als du nicht einsiehst, dass man mit gefalteten Händen weit mehr bewirken kann als mit tätigen Händen, die – ohne es zu wollen – oftmals verletzen.
Hélder Câmara

22. MÄRZ
Themen unserer Lebensgeschichte

Können wir von Zeit zu Zeit alleine in die Dunkelheit hinaustreten, um frische Luft zu schnappen und die unangenehmen Themen unserer Lebensgeschichte für eine Weile zu vergessen? Natürlich können wir das. Wir können und wir müssen, und wenn es nur dazu dient, sie aus der Distanz zu betrachten. Aber können wir jemals alles Unangenehme hinter uns lassen? Nein. Wie der britische Dichter Alfred Tennyson im 19. Jahrhundert in seinem Gedicht «Ulysses» schreibt, «bin ich ein Teil von allem, was ich traf». Ohne die unangenehmen Dinge unseres Lebens sind wir nicht wir selbst.
Joan Chittister

23. MÄRZ
Vorhaben für die Fastenzeit

Mich hat schon als Novize der Brauch fasziniert, dass
jeder der Mönche am Aschermittwoch auf einem Zettel
aufschreibt, was er sich für die Fastenzeit an besonderen
Gebeten, Andachtsübungen, an Verzichten beim Essen
und Trinken, an einer besonderen Lektüre, an Korrektu-
ren seines Lebensstils vornimmt. Dieser Zettel wird dem
Abt übergeben. In neununddreißig Abtjahren habe ich
mich beim Lesen und bei der Unterzeichnung dieser Fas-
tenzettel meiner Mitbrüder immer wieder daran erbaut,
wie persönlich und auch erfinderisch bei jedem dieses
Bemühen um eine sinnvolle Gestaltung der Fastenzeit
sich äußerte.

Odilo Lechner

24. MÄRZ
Fasten macht froh

Übrigens gibt das Fasten auch Veranlassung zum Froh-
sinn. Wie der Durst den Trunk angenehm und ein vo-
rausgehender Hunger das Mahl wohlschmeckend macht,
so würzt auch das Fasten den Genuss der Speisen. Denn
es tritt zwischenherein und unterbricht den anhaltenden
Genuss köstlicher Speisen und lässt dir deren Genuss, der
unterbrochen worden, um von Neuem begehrenswert zu
erscheinen. Willst du dir also einen wohlschmeckenden
Tisch bereiten, so versteh dich zu einer Abwechslung mit
Fasten.

Basilius der Große

25. MÄRZ
Die Fastenzeit

Der Mönch soll zwar immer ein Leben führen wie in der Fastenzeit. Dazu haben aber nur wenige die Kraft. Deshalb raten wir, dass wir wenigstens in diesen Tagen der Fastenzeit in aller Lauterkeit auf unser Leben achten und gemeinsam in diesen heiligen Tagen die früheren Nachlässigkeiten tilgen. Das geschieht dann in rechter Weise, wenn wir uns vor allen Fehlern hüten und uns um das Gebet unter Tränen, um die Lesung, die Reue des Herzens und um Verzicht bemühen.

Benedikt von Nursia

26. MÄRZ
Fasten zur rechten Zeit

Was nun das zweite betrifft, nämlich Fasten und Abstinenz, so wäre ich dafür, Sie würden sich für den Dienst unseres Herrn Ihre Körperkräfte gesund erhalten und noch stärken, anstatt sie zu schwächen … Da Sie mit Leib und Seele Ihrem Schöpfer und Herrn gehören, müssen Sie für das Ganze gute Rechenschaft ablegen können und dürfen deshalb nicht die leibliche Gesundheit schwächen. Denn ist einmal der Leib geschwächt, so kann die Seele ihre Tätigkeit nicht mehr frei entfalten. Gewiss lobe ich für eine gewisse Zeit das Fasten und die Abstinenz und freue mich darüber; aber auf längere Zeit kann ich es nicht billigen.

Ignatius von Loyola

27. MÄRZ
Mäßigung beim Essen

Ein schwer beladenes Schiff sinkt bei mäßigem Wogenan-
prall, während ein Schiff mit mäßiger Ladung leicht über
die Wogen dahingleitet. So wird auch der Körper des
Menschen, der ständig sich sättigt und mit Speisen beschwert, leicht ein Opfer der Krankheiten; wer aber mit
mäßiger und leichter Kost vorlieb nimmt, entgeht nicht
bloß dem gefürchteten Übel der Krankheit wie einem drohenden Sturm, sondern überwindet auch bereits eingetre-
tene Unpässlichkeit wie einen Anprall gegen eine Klippe.
Basilius der Große

28. MÄRZ
Zeit zum Nachdenken

In China, so wird berichtet, hatte ein Bauer ein kleines
Feld mit Reis bebaut. Der Acker lag oberhalb einer un-
wegsamen düsteren Schlucht. Mehrmals täglich stieg der
Chinese in die Schlucht hinab, schöpfte Wasser und trug
es mühsam und auf krummen Pfaden zu seinem Reisfeld
hinauf. Als die Amerikaner ins Land kamen und den Bauern bei seiner harten Arbeit sahen, hatten sie Mitleid mit
ihm. Sie versprachen ihm eine Pumpe. Kostenlos. Damit
sollte dem Chinesen die Mühe des Wasserschleppens ab-
genommen werden. Doch der Bauer schüttelte den Kopf;
er lehnte ab, höflich, aber bestimmt. Als sie ihn fragten,
warum, sagte er: «Wenn ich nicht mehr Wasser trage,
fehlt mir die Zeit zum Nachdenken ...»
Adalbert Ludwig Balling

29. MÄRZ
Das Leben als Reise

Es ist gewiss kein Zufall, dass in der religiösen Literatur aller Traditionen die «Reise» als eine universelle spirituelle Metapher für das menschliche Leben benutzt wird. Und es passt auch gut. Keiner von uns wird als fertiger Mensch geboren. Kein Leben ist absolut statisch, selbst wenn jemand sein Leben lang an einem Ort lebt und derselben Beschäftigung nachgeht. Kein Leben bleibt von den Höhen und Tiefen verschont, die das Menschsein mit sich bringt.

Joan Chittister

30. MÄRZ
Frühling

Wenn der Frühling unaufhaltsam naht, herrscht Aufbruchstimmung. Alles sehnt sich nach Licht und Wärme. Alles ist voller Erwartung. Überall regt sich neues Leben. Die Schöpfung legt ein Brautkleid an aus tausend wunderbaren Blumen. Es ist, als ob ihr jemand in aller Stille zuflüstern würde: Ich hab dich gern. Was der Himmel der Erde ohne Worte sagt, das flüstert er auch dir in aller Stille zu: Mensch, ich hab dich gern.

Phil Bosmans

31. MÄRZ
Kraft des Frühlings

Wenn ich aus meinem Fenster schaue, blicke ich hinunter in unseren Garten: In einem gewissen Sinne ist es aber auch umgekehrt: Der Garten ... schaut auch zu mir herauf. Ich selbst tue nichts dabei, außer, dass ich meine Augen öffne. Ich verlange nichts von diesem kleinen Flecken Erde, aber er zeigt und offenbart sich mir in der ganzen Kraft des beginnenden Frühlings. Lange merkte ich nicht, dass es so war. Lange Zeit meinte ich, *ich* schaute ihn an, den kleinen Garten hinter unserem Haus. Allmählich merke ich, wie auch er mich anschaut, mir entgegenkommt, mir zuliebe eine Pracht entfaltet, eine Wunderwelt im Kleinen.

Josef Bill

April
Von Mensch zu Mensch

1. APRIL
Der vierte Monat

Durch den vierten Monat, der grün ist, Duft verbreitet und wie aus Furcht dämmert, wird die Nase bezeichnet. Mit ihr zieht der Hauch der Seele den Geruch von allem ein, was der Mensch sich in Furcht auswählt, und entlässt ihn wieder. Diesem Monat gleicht der Mensch, der durch den Hauch der Vernunft in seinem Wissen die Grünkraft der guten Werke weise erwählt. In diesem Menschen gedeihen alle Früchte, und er bringt Wohlgeruch hervor. Denn mit dem süßesten Geruch wird der Ruf seiner Rechtschaffenheit und Nützlichkeit zum Lobe Gottes überall verbreitet.

Hildegard von Bingen

2. APRIL
Fastenzeit und Karwoche

Wenn Sie wüssten, wie wohl es tut, im Karmel eine Fastenzeit, eine Karwoche, einen Ostertag zu erleben! Es ist etwas Einzigartiges. Mit welcher Freude im Herzen habe ich das «Alleluja» gesungen; eingehüllt in meinen weißen Mantel, angetan mit diesen teuren Ordenskleidern, nach denen ich mich so heiß gesehnt hatte …

Elisabeth von Dijon

3. APRIL
Passionszeit

In eine Angstneurose gerät einer, der meint, immer der Beste und Größte sein und alles perfekt machen zu müssen. Es lassen sich heute viele Ersatzleiden beobachten. Einer leidet an Magengeschwüren, weil er es nicht aushalten kann, dass die Welt sich nicht nach seinen Vorstellungen richtet, und weil er den Ärger über diese Enttäuschung in sich hineinfrisst. Ein anderer erleidet einen Herzinfarkt, weil er vor sich selbst davonläuft und sich in ständige Aktivität flüchtet. Alle Fluchtwege vor dem Leiden führen nur zu neuen Leiden, zu Ersatzleiden. In der Passionszeit schauen wir auf das Leiden Jesu, um uns damit auszusöhnen, dass wir endlich und schwach sind ...

Anselm Grün

4. APRIL
Begegnung mit unserem Schatten

Der Karsamstag fordert uns auf, in das eigene Grab zu steigen, in die eigene Tiefe, und darin eins zu werden mit dem Grund unseres Seins, mit den Wurzeln unseres Lebens. Christus ist nicht nur unseren Tod gestorben, sondern er war drei Tage lang tot ... Der Karsamstag will uns sagen: In unsere Einsamkeit, in unsere Kälte, in unsere Starre, da ist Christus eingedrungen. Und dort, wo sonst der Tod herrscht, da wohnt nun seine Liebe.

Anselm Grün

5. APRIL
Taufe und Neubeginn

Monreale, Karsamstag. Als wir kamen, war die heilige Handlung bei der Weihe der Osterkerze angelangt. Dann schritt der Diakon den Hauptgang hinauf und brachte das *lumen Christi* … Der Bischof saß auf seinem hohen, steinernen Thron zur Rechten des Altares und hörte zu. Es folgten die Prophetien, und ich empfand den erhabenen Sinn dieser Bilder. Dann kam die Taufwasserweihe in der Mitte der Kirche. Um das Becken herum saß die ganze Assistenz, inmitten der Bischof, das Volk weit umher. Darauf brachten sie Kinder; man sah den ergriffenen Stolz der Eltern, und er taufte sie. Alles war so nahe. Die Haltung des Volkes gelöst und andächtig zugleich, und wenn einer zum anderen sprach, störte es nicht.

Romano Guardini

6. APRIL
Gemeinschaft

Gemeinschaft ist ein glückhaft Wagen, / wenn Liebe sie zusammenhält; / sie ist ein bitterschweres Tragen, / wenn sie in Selbstsucht schal zerfällt.

Gemeinschaft ist ein frohes Wachsen, / wenn Eigenliebe still sich beugt; / sie ist ein Welken, wenn den Laxen / sie rückgratlos das Szepter neigt.

Gertrud Link

7. APRIL
Teilen

Eines Tages kam ein Mann zu uns. Er sagte mir: «Da ist eine hinduistische Familie, die seit langem nichts zu essen gehabt hat. Könnt ihr nicht etwas für sie tun?» Ich habe etwas Reis genommen und bin sofort zu ihnen gegangen. Aus den Gesichtern der Kinder sprach entsetzlicher Hunger. Sobald die Mutter den Reis genommen hatte, teilte sie ihn in zwei Portionen und ging hinaus. Als sie zurückkam, fragte ich sie: «Wohin bist du gegangen? Was hast du getan?» Sie gab mir nur zur Antwort: «Sie haben auch Hunger.» Sie wusste, dass auch ihre Nachbarn, eine muslimische Familie, Hunger litten. Ich habe ihnen an diesem Tag keinen Reis mehr gebracht, weil ich sie die Erfahrung machen lassen wollte, welche Freude das Geben schenkt. Ich war nicht so sehr darüber überrascht, dass die Frau den Reis mit andern geteilt hat, sondern darüber, dass sie vom Hunger ihrer Nachbarn wusste. Kennen wir die Nöte der anderen? Nehmen wir uns die Zeit, wenigstens jemandem zuzulächeln?

Mutter Teresa

8. APRIL
Die menschliche Natur

Die menschliche Natur ist nicht böse. Nicht jeder Genuss ist schlecht. Nicht alle spontanen Wünsche sind selbstsüchtig. Die Lehre von der Erbsünde bedeutet nicht, die menschliche Natur wäre völlig verdorben und der Mensch in seiner Freiheit stets zur Sünde geneigt. Der

Mensch ist weder ein Teufel noch ein Engel. Er ist nicht nur Geist, sondern ein Wesen aus Fleisch und Geist, Irrtum und Bosheit unterworfen, doch im Grunde darauf angelegt, das Wahre und Gute zu suchen.

Thomas Merton

9. APRIL
Vorurteile

Als Docker lebte ich in Marseille unter armen Leuten, die aus allen Winkeln des Mittelmeers gekommen waren, und jeder von ihnen war der von der kapitalistischen Welt ausgebeutete Unschuldige. Es herrschte gutes Einvernehmen, aber zugleich verachtete jeder den anderen an irgendeinem Punkt. Der Korse sagte mir: «Du weißt ja, dem ist nicht zu trauen, der ist ja ein Italiener, also pass auf.» Dann kam der Italiener zu mir und sagte: «Du weißt ja, der da, der Armenier, trau ihm nicht zu sehr, denn die Armenier, na die kennt man ja …» … Und genauso war es beim Araber, beim Franzosen, beim Spanier. Das ganze Mittelmeer war in den Augen der einen nicht mehr wert als in den Augen der anderen. Dabei waren sie alle miteinander arme, ausgebeutete Unschuldige, aber sie waren alle «Verächter», wenn ich so sagen darf. Noch der allerletzte Clochard hegt in einer Ecke seines Herzens neben einem echten Überzeugtsein von seiner Menschenwürde schreckliche Gefühle kleinbürgerlicher Genugtuung und Überlegenheit gegenüber dem Pennbruder neben ihm. Und bei uns, die wir keine Clochards sind, ist es noch schlimmer.

Jacques Loew

10. APRIL
Zusammensein fördern

Die Angst vor dem und den Fremden nimmt zu. Politische Appelle und Reden, die den Rechtsextremismus entlarven, sind absolut notwendig. Zugleich braucht es Menschen, die durch Begegnungen erfahren, dass Menschen verschiedener Kulturen voneinander lernen können. Ein großer kultureller Reichtum erwartet uns, wenn wir multikulturelle Feste feiern. Wir können eine neue Essenskultur entwickeln, in der wir in unserer Straße, unserem Wohnviertel, unserem Dorf und in Gemeinden Orte der Gastfreundschaft entfalten. Wo Menschen miteinander kochen und essen, verschiedene Speisen kennenlernen und genießen können, da entsteht Nähe und Gemeinschaft.

Pierre Stutz

11. APRIL
Beziehungen

Der Mensch ist ein Beziehungswesen. Die Beziehungen, in denen wir leben, sind alles andere als gleich. Zu unserer gleichsam natürlichen Mitgift zählen Beziehungen, die uns durch Herkunft, Geburt, Umgebung, Erziehung und Beruf vor- und mitgegeben sind. Verstärkt verstehen wir unter unseren Beziehungen jene, die wir uns selber frei gewählt haben. Auch unter ihnen gibt es unterschiedliche Intensitäts- und Bedeutungsgrade. Unsere freiwilligen Beziehungen fördern und fordern uns ungleich nachhaltiger als die von Haus aus schon bestehenden. Es ist damit noch nicht getan, dass der Glaube für viele zur Welt der selbstverständlichen Beziehungen gehört; es verlangt ihn danach, in eine auf freier Wahl und Entscheidung beruhende Beziehung verwandelt zu werden.

Christian Schütz

12. APRIL
Konflikte austragen und Versöhnung wagen

Im Austragen von Konflikten und im Wagen von Versöhnung hilft mir die Erkenntnis, dass es beim Aussprechen von Fehlern und Mängeln bei meinem Mitmenschen immer nur um einen Teil dieser Persönlichkeit geht. Auch wenn meine Wut mich mit destruktiven Bildern am Tag und im Traum konfrontiert, so erinnere ich mich, dass ich nie nur Wut bin. Diese Grundhaltung kann ich einüben, indem ich unermüdlich auf die Suche gehe nach den guten Seiten im anderen.

Pierre Stutz

13. APRIL
Verzeihung

Ein junger Mönch hatte sich verfehlt. Die Mitbrüder waren ratlos, was sie mit ihm machen sollten. Sie schickten in die Einsiedelei nach einem alten, weisen Mönch, der aber wollte nicht kommen. Der Abt ging selber hin und bat, doch zu kommen und mit dem sündigen Bruder zu reden. Der alte Mönch nahm einen Korb, füllte ihn mit Sand und ging zur Abtei. Der Abt ging kopfschüttelnd hinter ihm her. Er konnte das nicht verstehen, denn der Sand rieselte durch das Korbgeflecht. Als sie zur Abtei kamen, war der Korb leer. Alle wollten wissen, was das soll. Der Greis sprach: «Der Sand sind meine Sünden. Hinter mir rinnen sie heraus, und ich sehe sie nicht mehr. Heute bin ich gekommen, um fremde Sünden zu richten.» Die Mönche hatten verstanden und verziehen von Herzen.

Matthias Utters

14. APRIL
Der Weg zur Demut

Manchmal sprechen die Altväter davon, dass wir die Demut lernen können: «Ein Greis wurde gefragt: ‹Was ist die Demut?›

Und er antwortete: ‹Die Demut ist ein großes, ja göttliches Werk! Der Weg zur Demut ist aber dieser: Man soll körperliche Arbeit leisten, man soll sich selbst für einen sündigen Menschen halten, man soll sich allen unterwerfen.›

Der Bruder fragte: ‹Was heißt das, allen unterworfen zu sein?›

Der Greis erwiderte: ‹Das heißt, allen unterworfen sein, wenn einer nicht auf die Fehler des andern achtet, sondern vielmehr die eigenen betrachtet …›»

Anselm Grün

15. APRIL

Lasst Demut walten

Wer in Eitelkeit und Eigensinn, das heißt in hoher Einschätzung seines Verstandes und seines Wissens einherschreitet und sich weigert, demütig einem Kinde gleich zu werden, der wird niemals durch jene niedere Türe einzutreten vermögen. Im Gegenteil! Strauchelnd wird er zurücktaumeln, sich abwenden, jenen Jüngern unsres Herrn gleich, von denen geschrieben steht, dass sie sich zurückzogen, weil sie den Meister nicht zu verstehen vermochten. Die Erfahrung lehrt, dass es vielen hochgelehrten Männern ebenso erging. O hätten sie sich doch keine solche Fülle des Wissens erworben! … Freilich nicht das Wissen ist daran schuld. Das ist an sich allein ganz vorteilhaft und bringt großen Nutzen dem, der davon in Demut und Gottes Gnade guten Gebrauch macht. Aber vom Stolz kommt es her, der dabei sich eingeschlichen …

Garcia de Cisneros

16. APRIL

Ein Raum der Barmherzigkeit und Gnade

Wem der Gehorsam anvertraut ist, und wer für den Höchsten gehalten wird, der sei wie der Geringste und allen Brüdern ein Diener. Er soll jedem einzelnen Bruder gegenüber Barmherzigkeit walten lassen und ihn so behandeln, wie er behandelt werden möchte in einem ähnlichen Fall. Er soll dem Bruder nicht zürnen wegen eines Vergehens, sondern mit aller Geduld und Demut ihn liebevoll ermahnen und ertragen.

Franz von Assisi

17. APRIL

Aufmerksam sein

Als wir vom Herzen sprachen, das hört, haben wir das Wort Herz in der vollen Bedeutung verstanden, die ihm die Bibel gibt. Gewöhnlich denken wir hierbei nur an unser Gefühlsleben, das lieben, hassen, begehren oder sich fürchten kann. Der Mensch der Bibel geht weit darüber hinaus: Hier ist das Herz das Innerste des Menschen. Es kennt natürlich auch Gefühle, aber auch Erinnerungen, Gedanken, Urteile, Pläne. Das Wort Herz, in diesem Sinn verstanden, umfasst Gedächtnis, Verstand, Bewusstsein, alles, was ein freies geistiges Wesen ausmacht. Ein Herz sein, das hört, heißt also ein Wesen werden, das hört, das aufmerksam ist.

Jacques Loew

18. APRIL
Sorge für die Kranken

Darauf verwende die Mutter Priorin große Sorge, dass es
eher den Gesunden am Notwendigen als den Kranken an
mancher Erleichterung fehlt. Sie sollen von den Schwestern besucht und getröstet werden. Als Krankenpflegerin
soll eingesetzt werden, wer für dieses Amt Geschick und
Liebe hat.

Teresa von Ávila

19. APRIL
Menschenfreundlichkeit

Wenn du also ganz für alle da sein willst nach dem Beispiel dessen, der allen alles geworden ist, lobe ich deine
Menschenfreundlichkeit – jedoch nur, wenn sie jeden
einschließt. Wie aber kann sie jeden einschließen, wenn
du ausgeschlossen wirst. Auch du bist ein Mensch. Damit
deine Menschenfreundlichkeit uneingeschränkt jeden
einschließen kann, muss der Schoß, der alle in sich auf-
nimmt, nur dich darin einsammeln. Denn was würde es
dir sonst nützen, wenn du – nach dem Wort des Herrn –
alle gewinnen, aber als Einzigen dich selbst verlieren würdest? Wenn also alle Menschen dich besitzen, besitze
auch du dich selbst. Warum solltest nur du nichts von dir
haben?

Bernhard von Clairvaux

20. APRIL
Da sein für die Bedürftigen

Was wirst du dem Richter antworten, wenn du die Wände
kleidest, einen Menschen aber nicht kleidest, der du die
Pferde schmückst, den in Lumpen gehüllten Bruder aber
nicht ansiehst, der du das Getreide verfaulen lässt und den
Hungrigen nicht nährest, der du das Gold vergräbst, den
Notleidenden aber nicht berücksichtigst?
Basilius der Große

21. APRIL
Mit-Menschen begegnen

Bin ich denn der Hüter meines Bruders?, fragte schon einmal einer, und wir wissen, dass er im Unrecht war, wenn
er meinte, das Schicksal des Bruders ginge ihn nichts an.
Wir sind, wenn nicht die «Hüter» unserer Brüder und
Schwestern … so doch mitverantwortlich für sie und für
das, was sie tun. Wer weiß, vielleicht wäre der eine oder
andere nicht zum Verbrecher geworden, hätte er zuvor
Gelegenheit gehabt, einem Menschen – einem Mit-Men-
schen – zu begegnen? Man redet heute so viel von welt-
weiter Solidarität, von Kooperation und Teamwork. Es
sind neue Worte für alte Forderungen. Sie bleiben leere
Worte, wenn wir sie nicht mit Inhalt füllen, wenn wir sie
nicht wahrmachen. Ob «Hüter meines Bruders» oder
«Solidarität mit den Armen», das Anliegen bleibt ein mit-
menschliches.
Adalbert Ludwig Balling

22. APRIL
Dem Bruder beistehen

Man muss also weinen mit den Weinenden. Wenn du den
Bruder reumütig über seine Sünden weinen siehst, dann
weine mit ihm und nimm dich seiner an! So kannst du in
fremdem Leiden dein eigenes heben. Wer nämlich über
die Sünden seines Nächsten heiße Tränen vergießt, der
heilt sich selbst mit den Tränen, die er über den Bruder
vergießt.

Basilius der Große

23. APRIL
Der gute Hirte

Der Abt muss beides verbinden, den Ernst des Meisters
und die liebevolle Güte des Vaters. Zuchtlose und Unru-
hige muss er härter tadeln, Nachlässige und Widerspens-
tige muss er streng zurechtweisen und bestrafen, die
Gehorsamen und Willigen ermutige er zum Fortschritt
im Guten. Er muss sich also auf Eigenart und Fassungskraft jedes Einzelnen einstellen und auf sie eingehen.
Darum ist ein Leitbild für ihn der gute Hirte, der Schaden
von der ihm anvertrauten Herde fernhält, der das verirrte
Schaf sucht und es voll Mitleid auf seine Schultern
nimmt.

Odilo Lechner

24. APRIL
Sorgen teilen

Man wälze nicht, wie es so vielfach der Fall ist, eine Sorge, die alle gemeinsam trifft, auf den Nebenmenschen ab. So kommt es denn, dass alle durch ihre Gleichgültigkeit sich unversehens höchsteigenen Schaden zuziehen, weil der Einzelne für die Angelegenheit nicht das nötige Interesse hat. Nehmt dies auf mit allem Wohlwollen als Zeichen des Mitleids seitens eines Nachbarn oder als Teilnahme von Gleichgesinnten oder auch, wie es der Wahrheit eher entspricht, als ein Wort von solchen, die dem Gesetze der Liebe nachkommen und der Gefahr des Stillschweigens entgehen wollen.

Basilius der Große

25. APRIL
Zurückhaltung üben

Keine tadele an einer anderen die Fehler, die sie begeht sieht. Wenn sie bedeutend sein sollten, weise sie sie privat voll Liebe darauf hin; und wenn sie sich nach drei Malen nicht bessert, sage sie es der Mutter Priorin, aber sonst keiner Schwester.

Teresa von Ávila

26. APRIL
Die Bedeutung der Nächstenliebe

Wir freuen uns, zu sehen, wie du dich nicht wenig auf die ersten und höchsten Güter verlegst, auf die Gottesliebe und die Nächstenliebe. Von letzterer haben wir ein Zeugnis an deiner Liebenswürdigkeit gegen uns, von ersterer an deinem Streben nach Erkenntnis. Dass auf diesen Geboten alles beruht, ist jedem Christusjünger bekannt.

Basilius der Große

27. APRIL
Treue

Ein kleiner Junge musste operiert werden. Sein Vater hatte ihn ins Krankenhaus gebracht. Es war alles sehr schnell gegangen. Der Junge kam sofort in den Operationsraum. «Vater, ich habe keine Angst, wenn du bei mir bist.» Man erlaubte dem Vater dabei zu sein. Als der Junge die Narkose erhalten hatte, sagte der Arzt: «Sie können jetzt gehen, der Junge schläft.» «Nein», sagte der Vater, «ich habe dem Jungen versprochen bei ihm zu bleiben, dann hat er keine Angst». Als der Junge wach wurde, hielt der Vater seine Hand. Der Junge lächelte und sagte: «Du bist da», und schlief wieder ein. Wie treu ist Ihre Treue? Wie treu sind Sie? Sind wir nicht geneigt, dem anderen weniger Aufmerksamkeit zu zeigen, wenn er es nicht merkt? Treue besteht darin, immer gleichbleibend zu sein.

Matthias Utters

28. APRIL
Miteinander der Generationen

Selbstverständlich ist gerade die klösterliche Gemeinschaft durch das Miteinander verschiedener Generationen geprägt – ein Modell, das in der übrigen Gesellschaft durch Individualisierung und Mobilität seltener geworden ist und doch eine Fülle wichtiger menschlicher Erfahrungen schenkt. Immer wieder rückt eine neue Generation mit einem anderen Lebensgefühl in den Kreis der Gemeinschaft. Das Älterwerden bis hin zum Sterben steht der ganzen Gemeinschaft vor Augen.

Odilo Lechner

29. APRIL
Fliegen lernen

Von Zeit zu Zeit musst du lernen, blind zu fliegen wie Piloten im Nebel.
Du weißt, was du gewöhnlich zu tun hast.
Tu es blindlings.
Ohne zu denken. Ohne zu grübeln.
Vertrau auf die Führung eines anderen.
Hab Geduld – auch mit dir selbst.

Phil Bosmans

30. APRIL
Schwierigkeiten beheben

Es wird immer Schwierigkeiten geben, gleichgültig mit wem oder wo wir leben. Wenn wir uns oft selbst im Wege sind, wie sollte es da nicht zu kleinen Abneigungen, Reibereien und Entfremdungen mit andern kommen! Einer der wesentlichsten Akte der Nächstenliebe ist, den anderen zu ertragen; und als unbestreitbaren Gegensatz halte man fest: Die Schwierigkeiten, die wir mit unseren Mitmenschen haben, rühren mehr aus unserer unbeherrschten Laune als sonst woher.

Vinzenz von Paul

Mai

Das Hohelied der Liebe

Der fünfte Monat

Der fünfte Monat ist lieblich, mild und herrlich durch alle Früchte der Erde, wie auch das Schmecken des Mundes süß und erfreulich ist; denn durch den Geschmack wird erkannt und festgestellt, woran der Mensch sich in Freude erquickt. So ist auch die Vernunft die Säule und das Mark der fünf Sinne, die durch sie erhalten und zum Wirken angeleitet werden, wie die Erde, die vom Pflug umgeworfen ist, im Keimen fruchtbar wird ...

Der fünfte Monat, der Mai, hat den lieblichsten Duft der Blumen, an denen sich die Herzen der Menschen erfreuen, weil in ihm alle Früchte der Erde hervorsprießen, an denen sich der Mensch freut.

Hildegard von Bingen

2. MAI

Zauber des Anfangs

Aller Anfang ist schwer. Sich die Zukunft ausmalen, Vorsätze fassen, Gesundheit und Erfolg wünschen, das ist leicht. Aber der erste Schritt fällt oft schwer. Weit ist der Weg vom Luftschloss auf den Boden der Wirklichkeit. Aller Anfang ist schön. In ihm ist schon das Ende enthalten wie in einer Knospe. Am Anfang von allem steht nicht eine unendliche Leere, sondern eine unendliche Liebe. Alles, was wir von der Liebe wissen, ist, dass die Liebe alles ist, Anfang und Ende.

Phil Bosmans

3. MAI
Das Hohelied der Liebe

Wenn ich mit Engel- und Menschenzungen redete, hätte aber die Liebe nicht, so wär ich nur ein tönendes Erz oder eine klingende Schelle.

Und wenn ich die Prophetengabe hätte und wüsste alle Geheimnisse und besäße alle Erkenntnis, und wenn ich allen Glauben hätte, so dass ich Berge versetzte, hätte aber die Liebe nicht, so wäre ich nichts.

Und wenn ich all meine Habe den Armen austeilte und meinen Leib zum Verbrennen hingäbe, hätte aber die Liebe nicht, so nützte es mir nichts.

Die Liebe ist langmütig, die Liebe ist gütig, die Liebe beneidet nicht, sie prahlt nicht, überhebt sich nicht; sie handelt nicht unschicklich, sucht nicht ihren Vorteil … sie erträgt alles, glaubt alles, hofft alles, duldet alles.

Paulus

4. MAI
Sinnesorgan der Seele

Das Sinnesorgan der Seele ist die Liebe. Was die Seele wahrnimmt, nimmt sie mittels der Liebe wahr. Und die Liebe erfährt, dass ihr Liebkosungen oder Misshandlungen zuteil werden.

Wilhelm von Saint-Thierry

5. MAI
Liebesflamme

Es ist etwas Wunderbares, dass die Liebe, da sie nie untätig, sondern wie die Flamme ständig in Bewegung ist, immerzu hierhin und dorthin Flammenlohen aussendet. Und da die Liebe, deren Aufgabe es ist, zu verwunden, um verliebt zu machen und mit Beseligung zu erfüllen, in einem solchen Menschen in hellen Flammen lebt, fügt sie ihm unaufhörlich ihre Verwundungen zu, wie zarteste Flammenlohen zartkosender Liebe, dabei übt sie fröhlich und festlich ihre Liebeskünste und Liebesspiele wie im Hochzeitspalast.

Johannes vom Kreuz

6. MAI
Allumfassende Liebe

Wenn irgendein Mensch seine Liebe irgendeinem seiner Mitchristen entzieht, so liebt er rein gar nichts, denn er liebt nicht alle, und daher ist er in diesem Augenblick nicht erlöst, denn er ist nicht im Frieden. Und wer alle seine Mitchristen insgemein liebt, der liebt alles, was da ist.

Julia von Norwich

7. MAI
Liebe ist wie die Sonne

Wer die Liebe hat, dem kann viel fehlen. Darum: Halte die Liebe fest! Wenn die Liebe in deinem Leben untergeht, werden die Schatten größer, und du gerätst immer tiefer in eine Nacht.

Hast du die Liebe, kann dir viel fehlen. Dann macht es dir nicht viel aus, zu verzichten zugunsten von Glück und Freude anderer. Dann hast du keinen Bedarf an Reichtum und toten Dingen.

Die Liebe ist wie die Sonne. Wer sie hat, dem kann viel fehlen. Aber wem die Liebe fehlt, dem fehlt alles.

Phil Bosmans

8. MAI
Erblühende Liebe

Von Blumen und Smaragden,
in frischen Morgenstunden ausgesucht,
werden wir die Girlanden winden,
an deiner Liebe erblüht
und mit einem meiner Haare zusammengeflochten.

Nur mit jenem Haar,
das du an meinem Hals fliegen glaubtest;
an meinem Hals blicktest du es an,
und in ihm gefangen bliebst du,
und an einem meiner Augen hast du dich verwundet.

Als du mich anblicktest,
drückten deine Augen ihren Liebreiz in mich ein;
darum schwärmtest du für mich,
und damit verdienten es
die meinen, anzubeten, was sie in dir sahen.

Johannes vom Kreuz

9. MAI

Lebendige Einheit

Wenn zwei Menschen einander gefunden haben und ihr Leben zusammen leben wollen, dann streben sie wieder dem Reich des Anfangs zu. Die noch erst zwei Einzelne waren, jeder für sich, mit eigenem Anheben und besonderem Weg, suchen nun zusammen jenen Anfang, gehen in ihn ein und neu aus ihm hervor: Zwei und lebendige Einheit zugleich. Das tut die Liebe. Nun ist etwas Neues da und wirkt weiter von jetzt ab. Und es ist auch von einer besonderen Voll-Endung angerufen, die sich schon im ersten Augenblick vom Rande her erhebt und Verwirklichung fordert.

Romano Guardini

10. MAI
Liebe empfangen

Die Gabe der Liebe ist die Gabe, Liebe auszuströmen und aufzunehmen, darum kommt schenkende Liebe erst zu voller Wirksamkeit im Empfangen. So kann man Liebe nur bewahren, indem man sie verschenkt, und sie lässt sich nur vollkommen verschenken, wenn sie zugleich empfangen wird.

Thomas Merton

11. MAI
Facetten der Liebe

O Liebe, ich schwanke, wie ich dich nennen soll, gut oder böse, süß oder bitter, lieblich oder abstoßend? Denn von beidem bist du so voll, dass du beides zu sein scheinst. Dass die Unsrigen von uns geliebt werden, ist ehrenvoll, dass sie verletzt werden, bitter. Und doch entspringt bisweilen beides ein und derselben Gesinnung, ja ein und demselben frommen Wunsch: Dem Schein nach mag ein Widerspruch vorhanden sein, dem Wesen nach herrscht Einklang. Ist's doch die Liebe, die uns die Unsrigen lieben heißt; und diese Liebe wiederum, die uns manchmal zwingt, sie zu kränken.

Salvian von Marseille

12. MAI
Liebessehnsucht

In einer Nacht, dunkel,
in brennender Liebessehnsucht entflammt,
– o glückliches Geschick! –
ging ich hinaus, ohne bemerkt zu sein;
mein Haus war schon zur Ruh' gekommen …

O Nacht, die führtest!
O Nacht, liebenswerter als das Morgengrauen!
O Nacht, die zusammenführtest
Geliebten mit Geliebter,
Geliebte in Geliebten überformtest! …

Der Hauch der Zinne,
als ich sein Haar durchstrich,
mit seiner linden Hand
verletzt' er meinen Hals
und ließ all meine Sinne schwinden.

Ich blieb zurück und selbstvergessen
neigt' ich das Gesicht über den Geliebten;
es hörte alles auf, ich ließ mich,
gelassen meinen Sorgen,
unter den Lilien vergessen.
        Johannes vom Kreuz

13. MAI
Nur die Liebe

Wir können uns selbst nicht erkennen, wenn wir uns nicht lieben. Und nur die Liebe lässt uns tiefer in uns eindringen und erkennen, wer wir in Wahrheit sind. Sich selbst zu lieben ist etwas anderes, als um sich selbst zu kreisen.

Anselm Grün

14. MAI
Doppelte Liebesfähigkeit

Es findet sich in uns eine doppelte Liebesfähigkeit: eine geistige und eine gemüthafte. Wir können nämlich mit dem Willen lieben und mit dem Gefühl. Für gewöhnlich tun wir beides, weil wir nur eine Natur haben und eine einzige Person sind. Wille und Herz beeinflussen einander. Die beiden Liebesfähigkeiten vereinigen sich oft, und wir lieben tatsächlich mit Willen und Gefühl, und jede dieser Liebesweisen ist durch die Erkenntnis geleitet: die fühlbare Liebe auf dem Wege der Sinne, die geistige Liebe auf dem Wege des Verstandes.

Gabriel a S. Maria Magdalena

15. MAI
Liebendes Herz

Ich wünsche dir
zur rechten Zeit
das rechte Wort –
und ein liebendes Herz,
von dem du dich leiten lässt.

Adalbert Ludwig Balling

16. MAI
Bruderliebe

Glücklich der Mensch,
der seinen Nächsten trägt
in seiner ganzen Gebrechlichkeit,
wie er sich wünscht,
von jenem getragen zu werden
in seiner eigenen Schwäche.
Glücklich der Knecht,
der seinen Bruder ebenso liebt,
wenn er krank ist und es ihm nicht vergelten kann,
wie wenn er gesund ist und es ihm vergelten kann.
Glücklich der Knecht,
der seinen Bruder ebenso liebt und fürchtet,
wenn er weit entfernt ist,
wie wenn er bei ihm ist,
der nichts hinter seinem Rücken sagt,
was er vor ihm in Liebe nicht sagen könnte.

Franz von Assisi

17. MAI
Leben der Liebe

Es scheint mir, im Karmel sei es so einfach, ein Leben der Liebe zu führen. Von morgens bis abends ist die Ordensregel da, um uns, Augenblick um Augenblick, den Willen Gottes kundzutun. Wenn Sie wüssten, wie lieb mir diese Regel geworden ist. Sie stellt ja die Form dar, in der Er mich heilig sehen will.

Elisabeth von Dijon

18. MAI
Selbstlose Liebe

Es ist ein Geheimnis, aber es ist so. Leiden reinigt die Liebe, macht sie echt und lauter und beseitigt, was nicht Liebe ist. Leiden läutert die Liebe vom Egoismus, der sie wie eine Maske verfälscht. Die Liebe wird selbstlos, frei, «umsonst». Wenn die Flut des Leidens sich über den Menschen ergossen hat, dann darf, was noch in ihm lebt, als echt gelten. Sicher, viel bleibt nicht übrig, oft nur ein kümmerlicher, dürrer Strauch. Aber auf ihm kann sich die Taube des Geistes niederlassen und ihre Gaben bringen.

Carlo Carretto

19. MAI
Liebe säen

Die Liebe fällt nicht wie ein Stein vom Himmel. Sie ist auch nicht das Ergebnis irgendeiner, vielleicht gut gemeinten Willensanstrengung. Aber sie kann wachsen und sich entfalten, wenn das Erdreich, dem sie eingepflanzt wurde, lebendiges, aufgebrochenes und fruchtbares Land war. Genauso wenig, wie man Korn auf eine Betonplatte säen kann, genauso wenig fruchtet es, wenn wir von jemandem «Liebe» erwarten, in dem die Fähigkeit des Sich-Anvertrauens verkümmern musste: Es lässt sich nichts ernten, weil nichts gesät war. Eine früh erfahrene Zärtlichkeit, das Liebeserfahren der ersten Jahre, schenkt dem Menschen ein Wohlsein, das ihn ein ganzes Leben hindurch trägt.

Josef Bill

20. MAI
Die uneigennützige Liebe

Diese Liebe verdient es, wertvoll genannt zu werden, weil sie gratis ist. Sie ist uneigennützig, denn sie schenkt nicht nur mit dem Wort und der Zunge, sondern durch die Tat und wirklich. Sie ist gerecht, denn sie gibt in dem Maß zurück, in dem sie empfangen worden ist. Ja, wer so liebt, liebt wirklich nicht anders, als er selbst geliebt worden ist.

Bernhard von Clairvaux

21. MAI
Liebe suchen

Hör zu, Straßenkehrer!
Ich habe wohl gesehen, mit welcher
Sorgfalt du alles
beiseite legst,
was noch irgend von Wert sein kann.
Bist du beim Kehren schon je
auf zerronnene Vermögen,
auf zerbröckelte Reiche,
auf Trümmer von Ruhm gestoßen?
Gib acht, Straßenkehrer,
wo du Reste von Träumen,
von Leben,
von Liebe findest!
Hélder Câmara

22. MAI
Glaube, Hoffnung, Liebe

Kennzeichen für die innere Sammlung gibt es drei: Das
erste, wenn der Mensch keinen Geschmack an den ver-
gänglichen Dingen hat; zweitens, wenn er Geschmack am
Alleinsein und am Schweigen und am Beachten all dessen
hat, was größere Vollkommenheit ist; drittens, wenn ihn
die Dinge, die ihm immer halfen, wie Betrachtungen, Meditationen und Übungen, nun stören, wobei der Mensch
im Gebet keine andere Stütze mehr hat als den Glauben,
die Hoffnung und die Liebe.
Johannes vom Kreuz

23. MAI

Ohne Zwang

In diesem Leben bietet sich für die Beschauung weder Überfluss an Gelegenheit noch dauernde Muße, wo der Nutzen der Berufsarbeit sich dringender und zwingender erweist. So ist es nun auch des Bräutigams Art, die Geliebte, kaum dass er sie ein Weilchen an seinem Herzen ruhen fühlte, wiederum zu Aufgaben heranzuziehen, die sich als notwendig ergeben haben. Doch nicht gegen ihren Willen. Denn er würde selbst gewiss nicht tun, was er andern zu tun verboten hat.

Bernhard von Clairvaux

24. MAI

Sprache der Liebenden

Unsere Vorfahren haben während vieler Jahrhunderte Gesten und Formen entwickelt, in denen sie ihre Zuneigung auszudrücken suchten. Sie fanden dabei viele Zeichen, die uns bis heute geblieben sind … Bis heute schenken wir Blumen zu einem Fest, beschenken Kranke vielleicht mit einem farbigen Strauß, wären geradezu verwundert, wenn ein Verliebter seiner Angebeteten niemals eine Rose, einen Strauß Nelken mitbringen würde. Wenn es wahr ist, dass Blumen eine «Sprache» sprechen, dann müsste es möglich sein, diese Sprache zu verstehen. Es ist die Sprache der Liebenden, nicht nur jungen Verliebten, auch alten, nicht nur zwischen Mann und Frau, auch zwischen Freunden.

Josef Bill

25. MAI
Aus Liebe gehorchen

Wenn einem Bruder etwas aufgetragen wird, das ihm zu schwer oder unmöglich ist, nehme er zunächst den erteilten Befehl an, in aller Gelassenheit und im Gehorsam. Wenn er aber sieht, dass die Schwere der Last das Maß seiner Kräfte völlig übersteigt, lege er dem Oberen dar, warum er den Auftrag nicht ausführen kann, und zwar geduldig und angemessen, ohne Stolz, ohne Widerstand, ohne Widerrede. Wenn er seine Bedenken geäußert hat, der Obere aber bei seiner Ansicht bleibt und auf seinem Befehl besteht, sei der Bruder überzeugt, dass es so gut für ihn ist; und im Vertrauen auf Gottes Hilfe gehorche er aus Liebe.

Benedikt von Nursia

26. MAI
Liebende Umarmung

Was ist erstrebenswerter als die Liebe? Sie schenkt dir die Möglichkeit, o Seele, dich dem Wort voller Vertrauen zu nähern, es in Vertrautheit zu erforschen und über alles zu befragen. Und je mehr dein Erkenntnisvermögen zu fassen vermag, desto kühner wird deine Sehnsucht. Das ist wirklich ein geistliches und heiliges Ehebündnis. Mit «Bündnis» sage ich zu wenig: Es ist eine Umarmung. Ja, es ist eine Umarmung, denn zwei wollen das Gleiche und verwerfen das Gleiche, und werden dadurch ein Geist.

Bernhard von Clairvaux

27. MAI

Caritas

Es gibt keine Liebe ohne Gerechtigkeit. Nächstenliebe stellen wir uns zu leicht als eine Art von moralischem Luxus vor, als etwas, das zu tun wir uns aussuchen, das uns in Gottes Augen Verdienste verleiht und gleichzeitig ein gewisses inneres Bedürfnis, «Gutes zu tun», befriedigt. Solche Liebe ist unreif und manchmal sogar völlig unreal. Echte Nächstenliebe, wahre Caritas, schließt eine tiefe Anteilnahme an der Not des anderen in sich. Sie ist nicht eine Sache moralischer Selbstbefriedigung, sondern strenger Verpflichtung.

Thomas Merton

28. MAI

Mit Liebe leiten

Wer eine Gemeinschaft leitet, darf den anderen nie als Untergebenen ansehen, sondern als Bruder, wie unser Herr zu seinen Jüngern sagt: Ich nenne euch nicht meine Diener, sondern ich habe euch meine Freunde genannt. Man muss also jeden mit Demut, Milde, Nachsicht, Herzlichkeit und Liebe behandeln. Nicht, als ob ich das immer selbst beobachtete. Aber wenn ich dagegen verstoße, bin ich mir der Fehlerhaftigkeit meines Handelns bewusst.

Vinzenz von Paul

29. MAI

Ehrfurcht

Ich sah viererlei Arten von Furcht … Die vierte ist die Ehrfurcht, und sie ist die einzige Furcht, die Er gern bei uns sieht, und durch die Innigkeit der Liebe wird die Ehrfurcht süß und sanft. Und doch sind Ehrfurcht und Liebe nicht ein und dasselbe, sondern sind getrennt, was ihre Beschaffenheit und ihr Wirken betrifft, und man kann nicht die eine ohne die andere besitzen. Deshalb bin ich sicher, dass jeder Liebende auch Furcht hat, obwohl er sie nur wenig fühlt.

Julia von Norwich

30. MAI

Schweigen in Liebe

So viel ist klar, … dass ein Mensch, der schnell auf Reden und Unterhaltung aus ist, nur in geringem Maß auf Gott hin aufmerksam ist, ist er das nämlich, zieht es ihn sofort mit Kraft nach innen, um zu schweigen und jeder Unterhaltung zu entfliehen … Das für uns am meisten Notwendige ist, dass wir diesem großen Gott gegenüber schweigen mit dem Geist und mit der Zunge, denn die einzige Sprache, die er hört, ist die Sprache des Schweigens in Liebe.

Johannes vom Kreuz

Die Liebe bewahren

Die einen haben Zeit
und haben für keinen
Zeit,
die andern haben keine
Zeit
und haben für jeden Zeit.

Wer
beim andern
anfängt zu rechnen:
aufzurechnen,
abzurechnen,
anzurechnen,
der
hört auf
zu lieben.

Kyrilla Spieker

Juni

Wege zum Glück

Wo wohnt das Glück?

Wer das Glück nicht in seiner Seele spürt, der läuft ihm in der Welt des Besitzes oder Erfolges vergeblich hinterher. Er wird nie genug besitzen, er wird nie genügend beachtet werden, er wird nie so viel Erfolg haben, dass er glücklich ist. Glück wohnt in der Seele, im inneren Bereich des Menschen. Dort, wo der Mensch mit sich im Einklang ist, wo er seine Einmaligkeit spürt, dort wo er um seine göttliche Würde weiß, dort ist ein Glück, das ihm kein Misserfolg, kein Verlust und keine Ablehnung zu rauben vermögen.

Anselm Grün

2. JUNI

Im Zug

Zuweilen werden einem neue Augen geschenkt. Heute ging es mir so, als ich am Fenster saß und nach Süden fuhr. Die Augen hatten in der Stadt gefastet, immer nur Mauern gesehen, Straßen, Stadtmenschen und im Übrigen bedrucktes Papier. Nun aber blickten Wälder und verschneite Äcker her, und alles war neu. Schön ist das, wenn so die Gestalten innig eindringlich hervortreten. Wenn bald ein Höhenzug, bald eine Waldecke einen anschauen, als sprächen sie: «Bin ich schön?» Es kommt einem warm und froh ums Herz, und man möchte mit der Hand darüber hinstreichen und sie liebkosen.

Romano Guardini

3. JUNI
Die Verspätung

Die besten Dinge des Lebens sind uns geschenkt. Dinge wie das Sehvermögen, Gesundheit, Liebe, Freiheit und das Leben selbst. Schade nur, dass wir uns an ihnen nicht recht erfreuen. Wir sind zu sehr von dem Gedanken belastet, dass wir nicht genug von sehr nebensächlichen Dingen besitzen: wie Geld, gute Kleider und Ruhm. Als ich einmal zurück in meine Heimat flog, hatte das Flugzeug Verspätung, und ich war verärgert. Als es dann den Flughafen erreicht hatte, kreiste es fast eine halbe Stunde wegen «technischer Schwierigkeiten», wie es diskret hieß, über dem Flughafen, was uns noch mehr verspätete. Diese halbe Stunde war voller Spannung und Sorgen. Du kannst dir unsere Erleichterung vorstellen, als wir landeten. Was war mit meinem Ärger über die Verspätung geschehen? Der war verflogen. Wir waren sehr froh, sicher auf der Erde zu sein. Die Verspätung war nur eine dumme Kleinigkeit. Doch erst die Möglichkeit eines schweren Unfalls führte uns das vor Augen.

Anthony de Mello

4. JUNI
Vertraute Freunde

Wahre Liebe lehrt uns, dass Freundschaft etwas Heiliges ist, und dass es weder liebevoll noch heilig ist, unsere Freundschaft auf Unwahrhaftigkeit zu gründen. In gewissem Sinne können wir allen Menschen Freund sein, weil es keinen Menschen auf der Welt gibt, mit dem wir nicht irgendetwas gemeinsam haben. Aber es wäre falsch, zu viele Menschen als vertraute Freunde zu behandeln. Man kann nur mit sehr wenigen vertraut sein, weil es nur sehr wenige auf der Welt gibt, mit denen wir nahezu alles gemeinsam haben.

Thomas Merton

5. JUNI

Festvorbereitung

Wir feierten alles, was zu feiern anfiel und feierten es mit Freude und Genugtuung. Vor allem sind vielleicht die liturgischen Feste zu nennen, Weihnacht, Ostern und einige mehr. Vor solchen Tagen suchten Pater Gerold und ich immer, irgendwie bei der Arbeit zusammenzukommen. Draußen auf dem Feld war das verhältnismäßig einfach. Wir richteten es so ein, dass wir in Furchen nebeneinander zu stehen oder zu hocken kamen, und dann übten wir Choralmelodien. Er als langjährigen Kantor von Münsterschwarzach, ich als fast ständige Kantorin in Wonsan und wo immer wir sonst lebten, kannten eine Menge von Choralmelodien ganz oder teilweise auswendig. So probierten wir, eifrig säend oder jätend, die einzelnen Teile zusammenzufügen. Wo wir beide nicht weiterwussten, erfanden wir, was fehlte, neu. Ob es immer ganz stilkorrekt war, weiß ich nicht, aber es machte uns Freude und erhöhte die Feierlichkeit.

Gertrud Link

6. JUNI
Stille Begegnung

Wer sich auf Begegnungen einlässt, wer mit unterschied-
lichsten Menschen, die einander vorher nicht kannten,
zum Freund wird, gewinnt dem Leben Inhalt, Sinn und
Glück ab. Er ist auf dem Weg zur vollen Entfaltung und
Fülle seines menschlichen Lebens. Selbst im flüchtigen
Schauen können wir uns begegnen. Wer kennt nicht die
Situation auf der langen Rolltreppe am Marienplatz oder
im Fahrstuhl zum Olympiaturm. Es scheint dann nicht so
wichtig, ob oder was in der Kürze der Zeit für Allgemein-
plätze geredet werden wie «Guten Morgen», «Schönes
Wetter …», sondern wie und mit welcher Zuwendung
dies geschieht.

Hermann Gilhaus

7. JUNI
Hirn und Herz

Das schönste Beispiel totaler Schicksalsgemeinschaft in
der absolutesten Unähnlichkeit sind mein Hirn und mein
Herz. Es gibt keine zwei Organe, die einander so unähn-
lich sind wie ein Hirn und ein Herz, sie sind jedoch so
miteinander verbunden, so solidarisch miteinander, so
gegenseitig voneinander abhängig, dass es, wenn das eine
nicht funktioniert, dem anderen ganz schlecht geht.

Jacques Loew

8. JUNI
Frohe Erinnerungen

Meine Freunde, ich rate euch, bisweilen davon abzulassen, mit gedrücktem und ängstlichem Gemüt eure Lebenswege euch wieder vor Augen zu halten, ich rate euch, die schönen Wege einer frohen Erinnerung an Gottes Wohltaten einzuschlagen, damit ihr, bestürzt bei dem Gedanken an euch selber, auf Gott schauet und dadurch wieder Mut bekommt. Ich will, dass ihr das versucht, was der heilige Prophet mit den Worten anrät: «Habe deine Lust an dem Herrn, so wird er dir geben deines Herzens Verlangen.» Der Schmerz über die Sünden ist zwar unerlässlich, aber er darf nicht unablässig fortdauern.

Bernhard von Clairvaux

9. JUNI
Verborgene Aufmerksamkeiten

Oft spüren wir Hoffnungszeichen in ganz unscheinbaren, unbeachteten Dingen; wenn uns irgendwo ein Mensch begegnet, in dem etwas aufleuchtet von selbstloser Güte; wenn uns von einem Freund ein Stück Ermutigung geschenkt wird dort, wo wir bisher einsame Straßen gehen mussten; wenn plötzlich das Leben wieder heller erscheint durch eine Überraschung, die wie ein Geschenk auf uns zukam.

Josef Bill

10. JUNI
Miteinander wohnen

Freundschaft leben
einen Ort haben
wo ich loslassen darf
sein mit meinen dunklen Seiten
meinem Bedürfnis nach Angenommensein

Freundschaft leben
kein Bild voneinander machen
Entfaltungsmöglichkeiten bestärken
im Spiel der Zuwendung

Seht doch
wie gut und schön es ist
wenn Menschen miteinander
in Eintracht wohnen
Pierre Stutz

11. JUNI
Zuhören

Das Hören scheint mich zu verändern. Es dreht mein
Gehör nach innen. Jesu Worte muss man einsinken lassen
auf den innersten Grund in sich. Dort diskutiert man
nicht mehr, denn dort unten denkt man nicht mehr, da
will nichts mehr gedacht sein. Irgendwann aber springt
dann Jesu Wort auf, wie ein Apfelkern, und will keimen
in mir.
Silja Walter

Die Verschmelzung

Du steigst in die Tiefe deines Seins hinab
und suchst dort ein Mantra, ein Wort,
das du im Rhythmus deines Herzschlags wiederholst.
Es ist der Ausdruck deiner Sehnsucht
und deiner Liebe …
Zuerst hörst du es verschwommen …
allmählich aber wird es lauter …

Nun lausche auf das Wort,
das in deinem ganzen Wesen ertönt …
in deinem Herzen, deinem Kopf,
in deinen Gliedern, deinem Magen …
Sprich das Wort nicht aus.
Lausche nur
und freue dich bei dem Gedanken,
dass es dich «ganz» macht,
während es in dir erklingt …

Sieh nur, wie es die Grenzen deines Seins durchbricht
und in die Welt ringsum eindringt
in Erde und Himmel …
und das ganze Universum …
Du bist die Mitte, von der aus es seine Wellen schlägt
bis zu den Grenzen der Erde …
Sieh, wie jedes Geschöpf
im Rhythmus deines Herzens
und deines geheimen Wortes pocht …

Anthony de Mello

13. JUNI
Mit Vernunft ans Werk

Glücklich, wer das, was ihm schmeckt und ihn anzieht, auf die Seite gestellt hat, und die Dinge auf ihre Vernünftigkeit und Gerechtigkeit hin betrachtet, bevor er sie tut. Wer mit Vernunft ans Werk geht, ist wie einer, der Kerniges isst; wer von dem bewegt wird, was seinem Willen schmeckt, ist wie einer, der schlechtes Obst isst.

Johannes vom Kreuz

14. JUNI
Weg des Heils

Heil sein bedeutet, den Sinn des Lebens begriffen zu haben und es entsprechend deuten zu können. Das eigene Leben kann auch dann sinnvoll sein, wenn die äußeren Umstände widrig sind. Deshalb schließt «Heil» eine religiöse Komponente ein. Es erwächst aus dem religiösen Bereich, denn allein dort erschließt sich die Sinndimension des Lebens. Der Weg führt nicht unbedingt durch das, was der Mensch Glück nennt. Der Weg des Heiles kann auch durch Not, Krankheit, Probleme aller Art, durch Tod und Unterwelt führen.

Willigis Jäger

15. JUNI
Gedankenwege

Man muss gut auf den Ablauf seiner Gedanken achtgeben: Ist alles daran gut – Anfang, Mitte, Ende – und bleibt als Ergebnis die Bereitwilligkeit zu allem Guten, so ist es das Zeichen des guten Engels.

Ignatius von Loyola

16. JUNI
Die Kraft der Natur

Heute geht der Wind. Ich liege im Walde und höre ihn von fern herankommen. Ein großes Wogen geht durch die Tannen. Ein Sausen erhebt sich, erst leise, wird stärker, noch mehr, sinkt ab, und alles ist wieder still.
Endlos kann man zuhören. In ihm ist Unendlichkeit und Sehnsucht zugleich … Wie die Stämme sich biegen! Wie man die Kraft spürt! Ich fühle sie, angelehnt an den Baum; fühle in allen Fasern das leise Schwingen, das bis in die Wurzeln geht. Wie der große Atem sich erhebt, von weit her, näher kommt, immer näher, nicht schwächer wird, aushält, und man in seiner ansteigenden Gewalt einen so unsäglichen Bogen fühlt, von Kraft, von Raum, aus der Ferne über das Hier hinweg in andere Ferne.

Romano Guardini

17. JUNI
Häng dein Herz
nicht an die Dinge

«Nichts haben, alles besitzen», so lässt sich die Haltung von Weisen aus allen Religionen, zu allen Zeiten, beschreiben. Nur wer sein Herz an nichts Geschaffenes hängt, wer loslassen kann, woran andere hängen, der ist wirklich frei.

Anselm Grün

18. JUNI
Wahre Schönheit

Schönheit ist wichtig. Das passende Schmuckstück, der raffinierte Schnitt eines Mantels – solche Dinge umhüllen uns mit einem Duft von Weltgewandtheit und geben uns ein unglaubliches Gefühl von Sicherheit. Die Leute bleiben stehen und schauen uns nach. Sie bewundern uns und fühlen sich von uns angezogen. Wir opfern viel Zeit und Geld für unsere Schönheit, also muss sie wichtig sein. Das Problem ist, dass die Schönheit im Laufe unseres Lebens die Seiten wechselt: Sie wandert von außen nach innen. Wahre Schönheit ist uns nicht von Geburt an gegeben, sie kommt erst mit den Jahren. Andernfalls bliebe nichts mehr übrig, was andere anziehen, in Erstaunen versetzen und beeindrucken könnte, wenn Crèmes und Haartönungen unsere Falten und grauen Haare nicht mehr zu übertünchen vermögen.

Joan Chittister

19. JUNI
Mein Dasein genügt

Wenn ich den Grenzen des Lebens nahe komme, etwa bei einer Krankheit, einem Unfall, bei Behinderungen, angesichts des Sterbens, kann ich das Wesentliche unserer Lebensaufgabe einüben: *da zu sein!* Ich muss – und kann – nichts mehr tun, nichts sagen: sondern die Kraft des Daseins einüben, erfahren, weiterschenken. Einander die Hände zu halten, wird zur heilsamen Nähe Gottes. Es genügt, einfach da zu sein! So helfen wir Kranken, ihre Krankheit anzunehmen, wir helfen den Sterbenden, sterben zu können – und wir lernen, Verletzlichkeit und Tod in unserem Leben anzunehmen.

Pierre Stutz

20. JUNI
Großes Glück

Sie können die Größe des Glückes, das meine Seele überflutet, ermessen. Heute Abend habe ich unseren lieben Konvent um seine Fürbitte gebeten, und morgen beginnen meine zehntägigen Exerzitien. Alles kommt mir vor wie ein Traum. So lange habe ich darauf gewartet, so heiß mich danach gesehnt. Wollen Sie jeden Morgen in der heiligen Messe in einem ganz besonderen Memento meiner gedenken, denn es gilt ja, etwas ganz Großes anzubahnen.

Elisabeth von Dijon

21. JUNI
Frei sein von Mode

Armut ist Loslösung, ist Freiheit, vor allem Wahrheit. Geht in die gut bürgerlichen Häuser, auch in die christlichen, und ihr könnt euch vom Mangel dieser Seligpreisung überzeugen. Möbel, Einrichtungsgegenstände, Ausstattung sind in allen Häusern erschreckend gleich. Der Lebensstil wird von der Mode, vom Luxus bestimmt, nicht vom Bedürfnis, von der Wahrheit. Dieser Mangel an Freiheit oder, besser, diese Versklavung durch die Mode ist einer jener Dämonen, von denen viele Christen an die Kette gelegt werden. Das Herz eines Armen haben heißt vor allem, frei sein von dem, was sich Mode nennt, heißt Freiheit.

Carlo Carretto

22. JUNI
Das Glück der Gelassenheit

Heiterkeit ist ein entscheidendes Merkmal echter Gelassenheit. Die echte Gelassenheit unterscheidet sich von der unechten wie eine natürlich gewachsene Blume von einer künstlichen ... Wahre Gelassenheit drückt sich im Leib aus. Dabei stellen wir fest, dass die wahre Gelassenheit als Haltung zwischen den beiden genannten Fehlhaltungen liegt, zwischen der Lässigkeit einerseits und der Verstiegenheit andererseits ... echte Gelassenheit äußert sich in einer Haltung, die weder verspannt ist noch die Tendenz zur Auflösung hat.

Niklaus Brantschen

23. JUNI
Der unglückliche König

Ein König war schwer erkrankt und schickte nach einem Arzt. Der Doktor sagte zu ihm: «Ihr werdet wieder gesund, wenn Ihr einen glücklichen Menschen findet, der Euch erlaubt, sein Hemd anzuziehen.» Tagelang durchsuchten seine Leute das Land, bis sie am Ende einen glücklichen Menschen fanden. Endlich!
Aber der glückliche Mensch besaß nichts, nicht einmal ein Hemd.

Phil Bosmans

24. JUNI
Keine halben Sachen

Wie leicht verstoßen wir gegen die bewährte alte Regel: Tue, was du tust, ganz! Wenn Essen, dann Essen, wenn Arbeiten, dann Arbeiten, wenn Spielen, dann Spielen … Stattdessen freuen wir uns ein bisschen, weinen ein bisschen, arbeiten ein bisschen oder auch viel, … hören ein bisschen Radio und lesen gleichzeitig ein bisschen in einem Buch, wir sind ein bisschen glücklich und ein bisschen unglücklich. Und tausendmal «ein bisschen» gibt nichts Ganzes. «Etwas Ganzes» gibt es nur dann, wenn wir ganz da sind und uns ganz in das hineingeben, was wir gerade tun.

Niklaus Brantschen

25. JUNI
Jugend

Die Jugend ist wichtig. Sie ist die Phase im Leben, in der alles möglich ist. Wir strotzen nur so vor Kraft und Energie. Wir feiern bis vier Uhr morgens, schlafen bis zum Mittag und stehen dann irgendwann auf, um wieder von vorne zu beginnen. Wir haben ja auch genügend Zeit dafür. Wenn wir jung sind, haben wir den Eindruck, unsere Zeit sei unendlich. Wir haben mehr als genug Zeit, denken wir, um durchs Kaufhaus des Lebens zu schlendern, bis wir etwas nach unserem Geschmack finden und zugreifen müssen. Das Problem mit der Jugend ist jedoch, dass sie uns nicht die Ganzheit des Lebens überblicken lässt. Unweigerlich taumeln wir von einer Stolperfalle zur nächsten und müssen auf Hände hoffen, die uns wieder aufhelfen.

Joan Chittister

26. JUNI
Glückselig

Das wahre Glück ist kein fantastischer Traum, es ist nicht teuer und nicht weit weg. Das Glück ist ganz nah, aber du musst es erkennen und finden. Versuche, für die anderen eine Freude zu sein, eine Art Gabe, ein tägliches Geschenk. Dann wirst du erstaunliche Dinge erleben. Dann wirst du die andern anders sehen, und vielleicht werden sie anders, und auch du erlebst sie als ein Geschenk, als eine echte Gnade.

Phil Bosmans

27. JUNI
Erlangung von Glückseligkeit

Ob der Mensch glückselig und sterblich zumal sein
könne, darüber besteht große Meinungsverschiedenheit.
Die einen haben ihr Los in Demut betrachtet und in Ab-
rede gestellt, dass der Mensch, solang er in diesem sterblichen Leben weilt, der Glückseligkeit fähig sein könne.
Andere dagegen haben sich überhoben und zu behaupten
gewagt, wer die Weisheit besitze, könne als Sterblicher
glückselig sein.

Aurelius Augustinus

28. JUNI
Der milde Mensch

Kein Mensch ist im Guten stetiger und unbeirrbarer als
der Milde und Gütige. Die sich dagegen von Zorn und lei-
denschaftlichem Verlangen hinreißen lassen, sind gewöhnlich höchst unbeständig, sie handeln immer nur
launenhaft und unbeherrscht. Sie sind wie Sturzbäche,
die im Überbordenden Kraft und Ungestüm zeigen; dann
verfließen sie und trocknen aus. Anders ein Strom, das
Abbild des gütigen Menschen: still und ruhig zieht er
dahin, ohne jemals zu versiegen.

Vinzenz von Paul

29. JUNI
Seelenfrieden

Das Leben bringt so viele Veränderungen mit sich, dass es schon viel ist, wenn man in der Tugend ausharrt. Denn wenn wir uns nicht von den Vergnügungen und Annehmlichkeiten des Lebens trennen, werden wir auf dem Weg des Herrn schon bald wieder nachlassen, da es da große Feinde gibt, die uns davon abhalten. Auch das, Töchter, ist nicht die Freundschaft, die die Braut möchte, und auch ihr sollt sie nicht wollen. Geht jeder auch noch so kleinen Gelegenheit immer aus dem Weg, wenn ihr wollt, dass die Seele allmählich wächst und in Sicherheit lebt.

Teresa von Ávila

30. JUNI
Das Maß beachten

Eifer für eine gute Sache kann durch Übermaß zum Laster werden. Beachtet man nicht die Grenze, die die Nächstenliebe setzt, so entartet er zum Menschenhass.

Vinzenz von Paul

Juli

Wachstum fördern

1. JULI
Wachsen lassen

Man will meinen Gehsteig flicken. Ich hatte nicht einmal bemerkt, dass er eingesunken war. Das bisschen Gras, das da wächst, finde ich schön. Wie mache ich es ihnen begreiflich, dass es viel schöner ist und lebendiger als der kalte Zement, den mir die Freunde anbieten. Falls der Zement siegt, wird er zur Grabplatte werden mit der unsichtbaren Aufschrift: «Hier ruht das lebendigste Gras, das hartnäckigste, das intelligenteste der ganzen Gegend ...»
Hélder Câmara

2. JULI
Einen Garten anlegen

Wer mit dem geistlichen Leben beginnt, ist wie jemand, der einen Garten anlegen will, damit sich der Herr darin gern ergehe. Sein Grundstück ist wild und voller Unkraut. Seine Majestät (Gott) rodet es und setzt schöne Pflanzen ein. Dann aber müssen wir uns bemühen, mit der Hilfe Gottes selbst gute Gärtner zu werden, und die Pflanzen regelmäßig begießen, damit sie nicht vertrocknen, sondern wachsen, blühen und herrlich duften, damit sich unser Herr daran erfreue. So wird er denn oft in diesen Garten kommen und sich zwischen den Blumen der Tugend ergehen.
Teresa von Ávila

3. JULI
Ökonomie des Himmels

Ich tu, soviel ich kann. Das Können steigert sich offenbar mit der Menge der notwendigen Dinge. Wenn nichts Brennendes vorliegt, hört es viel früher auf. Der Himmel versteht sich sicher auf die Ökonomie.

Edith Stein

4. JULI
Schule der Sehnsucht

Wenn schon, dann ist das Leben, nicht aber das ewige Leben für uns ein Thema. Leben, gut leben, das möchten wir alle, auch wenn die Vorstellungen darüber auseinandergehen. Der geheime Motor davon heißt Sehnsucht. Ihre Präsenz, Kraft und Wirkung werden leicht unterschätzt. Wie oft denken oder sagen wir: Ich möchte, ich würde, ich hätte gern … Wir halten es nur sehr schwer bei uns selber aus … Sobald wir an einem Ziel, Ort oder Zeitpunkt unserer Wünsche angelangt sind, brechen neue auf und schicken uns auf eine Reise nach einem weiteren und noch größeren Glück. Und doch verläuft der Weg unserer Sehnsüchte alles andere als gerade. Gleicht unser Leben nicht einer ununterbrochenen Schule der Sehnsucht?

Christian Schütz

5. JULI
Die Menge

Es ist schwierig, in der Menge die Menge zu sehen, und
unweigerlich wird man in der Menge verwirrt. Ein ver-
wirrtes Auge aber kann nicht klar sehen, nicht klar unter-
scheiden und nicht klar urteilen. Deshalb musst du die
Menge verlassen, um die Menge sehen und um sie richtig
beurteilen zu können. Erst wenn du das Schweigen der
Einsamkeit verkostet hast, empfindest du, wie verworren
die Menge ist, und welchen Lärm sie macht.

Bernhard von Clairvaux

6. JULI
Fruchtbarkeit des Lebens

Die Fruchtbarkeit unseres Lebens hängt weitgehend von
unserer Fähigkeit ab, unsere eigenen Worte anzuzweifeln
und den Wert unserer Arbeit in Frage zu stellen. Wer seiner eigenen Selbsteinschätzung vollkommen vertraut, ist
zur Unfruchtbarkeit verurteilt. Bei allem, was er unter-
nimmt, verlangt er weiter nichts, als dass *er* es tut. Tut er
es, so muss es gut sein ... Der Wagen, den er soeben gekauft hat, ist der beste für diesen Preis, aus keinem anderen Grunde, als weil er ihn gekauft hat. Einen anderen
Erfolg sucht er nicht, und darum wird ihm meistens auch
kein anderer zuteil. Wenn wir teilweise an uns glauben,
mögen wir recht haben. Wenn wir uns völlig von unserer
eigenen Maske narren lassen, ist Selbsttäuschung unver-
meidlich.

Thomas Merton

7. JULI
Ferien – die fünfte Jahreszeit

Zwischen den eigentlichen vier Jahreszeiten, die der Ablauf eines Jahres so kennt, schiebt sich eine bestimmte Zeit, die man Ferien nennt. Es ist das die beliebteste und immer wieder herbeigesehnte fünfte Jahreszeit. Wer von dieser Zeit träumt, denkt an freie und wolkenlose Tage, in denen man Arbeit, Studium und Hektik, Stress und Sorgen vergessen und sich ungestört Dingen hingeben kann, zu denen sonst die Zeit fehlt. Die Tage der fünften Jahreszeit sind in unseren Vorstellungen und Träumen randvoll mit Freuden gefüllt. Sie sind die Zeit für ein Fest …

Hermann Gilhaus

8. JULI
Sinn und Kraft

Der helle Sonnenschein und das strahlende Blau des Himmels, eine heitere Landschaft, ein fröhliches Kinderlachen, ein aufmunterndes Wort – all das kann in der Seele neues Leben wecken. Was davon in die Sinne fällt, ist Ausdruck eines Geistigen, das in die Seele aufgenommen zu werden verlangt, um darin Leben zu gewinnen. Indem es aber darin aufgenommen wird, entfaltet es eine lebensspendende Kraft. Darin enthüllt sich noch einmal ein neuer Zusammenhang zwischen *Sinn* und *Kraft*.

Edith Stein

Der Entwurf

Zu Hause entwerfen
und proben wir
maßstabgerecht,
was später groß
über die Bühne
der Welt geht.

Weder Rhetorik
noch Pathos
wandeln Unsinn
in Sinn.

Wer mit
seinen Nöten
hausieren geht,
bietet sie
anderen feil
und verweigert
selber die
Annahme.

Die Angepassten
garantieren, dass
es reibungslos
funktioniert,
die Unangepassten
stoßen an und
verändern.

Kyrilla Spiecker

10. JULI
Blick auf sich selbst

Richten wir den Blick auf eigene Fehler und nicht auf die anderer; es ist immer eine Gefahr sehr rechtschaffener Personen, dass sie an allem Anstoß nehmen. Dabei könnten wir oft in wichtigen Dingen viel von dem lernen, über den wir uns aufhalten, mögen wir ihm auch in Haltung und Umgangsformen überlegen sein. Vor allem dürfen wir nicht alle zu unserem Weg bekehren wollen und sie geistlich unterweisen, obwohl wir selbst vielleicht noch gar nicht wissen, wovon wir sprechen.

Teresa von Ávila

11. JULI
Menschlich bleiben

In dem Klima, in dem wir im Westen leben, wäre es leicht … zu versuchen, dass man den Christen das Leben der Sinne verleidet. Diese Pädagogik, die gegenüber kindlichen Mentalitäten viel Erfolg gehabt hat, würde aber heute das Gegenteil erreichen. Jede Versteifung, jede Art von kategorischem Aburteilen würde uns unwiderruflich von der jungen Generation trennen. Die einzige Möglichkeit liegt darin, dass wir ganz und gar menschlich bleiben. Wir sind es, wenn wir unserem Gegenüber dazu zu verhelfen wissen, dass er aus sich selber heraus zu neuen moralischen Wertungen findet, die er sich dann ohne jeden von außen kommenden Zwang auferlegen kann.

Frère Roger, Taizé

12. JULI

Keine Verdrossenheit

Oft geschieht es, dass ein Mensch sich um eine gute Sache abmüht, sie aber nicht so zu Ende bringen kann, wie er möchte. Darob wird er traurig und verdrossen und denkt bei sich: Es ist besser, du lässt diese Sache, die du begonnen, und an der du so lange gearbeitet hast, ohne sie bis heute vollenden zu können. Suche deine Ruhe und deinen Frieden! Dann muss die Seele widersprechen, muss allem selbstsüchtigen Trost entsagen und geloben: Ich will keine Mühe scheuen; habe ich doch keinen Frieden und keine Ruhe verdient, vielmehr will ich ausharren bei dem, was ich einmal begonnen habe, und will mannhaft auch ferner Gott die Ehre und dem Nächsten meine Arbeit schenken.

Katharina von Siena

13. JULI

Freier Wille

Der freie Wille ist uns nicht bloß als Feuerwerk gegeben, um ihn in die Luft hinaus zu verpuffen. Manche Leute glauben, ihre Handlungen seien umso freier, je zielloser sie sind, als bedeute ein vernünftiges Ziel irgendeine Beschränkung. Das ist, als behaupte man, jemand sei reicher, wenn er das Geld zum Fenster hinauswirft, als wenn er es ausgibt.

Thomas Merton

14. JULI
Blühende Herrlichkeit

Da sind gleich rechts, wenn man vom Hause aus den Weg betritt, zwei Magnolien, groß fast wie mittlere Buchen, mit langen, elastischen Zweigen. Ihre Blätter sind handgroß, schlank geformt, tief dunkelgrün und glänzend, als wären sie poliert. Greift man hinein, dann rascheln sie, als bestünden sie aus einem fremdartig-festen Stoff ... Im Herbst setzen sie die Knospen an, und im Sommer bricht es mächtig hervor: Blüten, groß wie zwei geöffnete Hände ... Es ist etwas richtig Gewaltiges, wenn die Bäume in ihrer blühenden Herrlichkeit dastehen, und ein berauschender, süßer Duft wie von Äpfeln und jungem Wein von ihnen ausströmt.

Romano Guardini

15. JULI
Für Abwechslung sorgen

Jeder, besonders aber der Gottgeweihte, braucht Abwechslung in seiner Geistesnahrung. Wir erfahren es ja im äußeren Leben; die beste Speise, täglich genossen, wird uns zum Ekel. Und wir ziehen ihr dann selbst eine minder gute abwechslungshalber vor. Und werden verschiedene Gerichte vorgesetzt, nimmt man mit umso mehr Lust, je mehr Verschiedenheit in ihrer Auswahl herrscht. Da kommt jeder auf seine Rechnung. Mache es ebenso, fromme Seele! Sorge in deinem Gebetsleben für die nötige Abwechslung.

Garcia de Cisneros

16. JULI
Der Wert der Zeit

Geh ... sorgsam mit der Zeit um und sieh zu, wie du sie verwendest. Denn nichts ist kostbarer als die Zeit. In einem einzigen Augenblick, so kurz er auch ist, kann man den Himmel gewinnen und verlieren. Es hat einen tieferen Sinn, dass die Zeit kostbar ist, denn Gott, der sie gibt, verteilt niemals zwei ... Denn die Zeit ist für den Menschen geschaffen und nicht der Mensch für die Zeit.

Die Wolke des Nichtwissens

17. JULI
Zeit nutzen

Warte nicht auf eine spätere, gelegenere Zeit; denn du bist nicht sicher, dass du sie haben wirst. Die Zeit entschwindet dir unvermerkt. Mancher hat sich noch Hoffnung auf ein längeres Leben gemacht, da kam der Tod. Darum versäumt, wer klug ist, keine Zeit und gibt die gegenwärtige Stunde, die ihm gehört, nicht unbenützt weg für eine andere, die doch nicht sein eigen ist.

Katharina von Siena

18. JULI
Muße

Wann sind wir wirklich einmal mit Muße, ohne Eile oder den Kopf voller Gedanken an Besorgungen durch die Straßen unserer Stadt gegangen? Wann haben wir den Brunnen vor einem Rathaus das letzte Mal mit Bewusstsein gesehen oder die Fassaden von Kirchen? Anderes und Fernes will man kennen und erleben; aber sich selbst und die Umgebung vergisst man darüber.

Hermann Gilhaus

19. JULI
Ohne Eile

Gott hat keine Eile, die Dinge zu schaffen. Die Zeit gehört ihm, nicht mir. Und ich, kleine Kreatur Mensch, ich bin berufen, in Gott umgewandelt zu werden, an ihm teilzuhaben. Was mich umwandelt, ist die Liebe, die Gott in mein Wesen gelegt hat.

Carlo Carretto

20. JULI
Angemessen

Man kann nicht von einem Häschen erwarten, dass es sich wie ein Löwe benehmen wird.

Edith Stein

21. JULI
Beständigkeit

Sei bedacht, was du tust, beharrlich zu tun. Ausdauer und Beständigkeit allein sichern dir den Erfolg. Nicht heute dies und morgen das, heute etwas vornehmen und morgen es wieder unterlassen. «Verdächtig», sagt der heilige Bernhard, «ist der Leichtsinn jener, die jetzt so, jetzt anders wollen. In nichts gefestigt, machen sie so viele Pläne, als sie Orte besuchen, immer voll Sehnsucht nach dem, was sie nicht haben, voll Ekel gegen das, was sie haben. Dabei sind sie um beides betrogen und kommen niemals voran».

Garcia de Cisneros

22. JULI
Sich einsetzen für Veränderungen

Wenn wir uns fragen, was wir tun können, um etwas zu verändern, dann lautet die Antwort ganz einfach: Ich darf nicht zulassen, dass meine Angst vor dem Scheitern größer wird als der Wunsch, mich für eine Sache einzusetzen. Ich fühle mich ohnmächtig, weil ich die mir gegebene Macht nicht nutze. Die Welt benötigt mehr Affenkönige, mehr Menschen, die alles, was sie haben, auch wenn es noch so klein ist, dafür einsetzen, etwas zu verändern, um die Welt vor der Gewalt zu retten, die sie von überall her bedroht.

Joan Chittister

23. JULI
Herausforderungen annehmen

Vielleicht sitzt in uns allen eine Angst vor dem Fremden und Ungewohnten, und oft wollen wir die Flucht ergreifen und davonlaufen ... Oft wollen wir uns einer Herausforderung in unserem Leben entziehen. Oft möchten wir auch, wenn der Weg zu beschwerlich wird, wieder die Flucht ergreifen. Im Vorwort zu seiner Regel schreibt Benedikt, wir sollten uns, wenn es auf unserem Weg etwas strenger zugeht, nicht «sofort von Angst verwirren lassen und vom Weg des Heils fliehen». Darum ist das Ausharren in Beständigkeit, in Stabilität für Benedikt eine Grundhaltung seiner Mönche.

Odilo Lechner

24. JULI
Konzentration auf das Wesentliche

Weniges, treu und beständig in rechter Meinung getan, erwirbt der Seele ungleich größere Verdienste und bringt sie im geistlichen Leben weit rascher voran als Vielerlei und Schwieriges, nach Laune, ohne Ordnung und Maß. Nach dem Urteil von Heiligen ist *ein* Werk des Weisen, wohl geordnet und gut verrichtet, mehr wert als tausend mühevolle des Toren.

Garcia de Cisneros

25. JULI
Entdeckung in sich selbst

Ein Reisender kann mit dem Baedeker durch ein Museum gehen, gewissenhaft alles Wichtige betrachten und doch unbefriedigter herauskommen, als er hineingegangen ist. Alles hat er betrachtet und nichts gesehen. Er hat sich unendlich angestrengt und hat sich nur ermüdet. Hätte er innegehalten, um ein einziges Bild zu betrachten, das ihn wirklich ansprach, und darüber alle anderen beiseite gelassen, so könnte er sich mit dem Gedanken trösten, seine Zeit nicht gänzlich verschwendet zu haben. Er würde etwas in sich selbst entdeckt haben, nicht bloß außer sich.

Thomas Merton

26. JULI
Gesunde Kräfte

Mit gesunden Kräften vermag der Mensch viel; mit geschwächten weiß ich nicht, was sie zustande bringen. Gute Gesundheit befähigt den Menschen, entweder viel Übles anzurichten oder viel Gutes zu leisten – viel Übles, wenn einer schlecht ist; viel Gutes, wenn einer seinen Willen und seine Kraft in den Dienst Gottes gestellt hat und durch Übung und Gewohnheit sich fortschreitend darin festigt.

Ignatius von Loyola

27. JULI
Verstimmungen ablegen

Der Mensch, der Kränkungen und Verstimmungen nicht
vergessen kann und trotzdem zu beten versucht, gleicht
einem Menschen, der aus einer Quelle Wasser schöpft
und es in ein Fass voller Löcher gießt.

Evagrius Ponticus

28. JULI
Mitfreude

Es ist auch ein Akt der Liebe, sich mit den sich Freuenden
zu freuen. Gott will, dass wir uns auf die Gefühle der anderen einlassen.

Vinzenz von Paul

29. JULI
Kraftspender

Kraftspendend ist für mich die Beobachtung der wilden
Reben an unserer Klostermauer. Im Winter wirken die
Zweige so unscheinbar, verdorrt und wie für immer abge-
storben. Unglaublich, wie daraus im Frühjahr kraftvolle
grüne Blätter entstehen, die im Herbst die ganze Wand
voller Farbenpracht aufscheinen lassen.

Pierre Stutz

30. JULI
Danken verbindet

Wenn wir für einen anderen Menschen danken, dann nehmen wir ihn bedingungslos an. Er muss sich nicht ändern. Er ist so, wie er ist, wertvoll. Oft merken es die Menschen, wenn wir für sie danken. Denn von unserem Danken geht eine positive Bejahung aus, in der sie sich vorurteilslos angenommen fühlen.

Anselm Grün

31. JULI
Nachwuchs

Wie herzig ist doch die kleine Sabeth! Sie hat mir gestern, in den Armen ihrer freudestrahlenden Großmutter, so viel Liebes erwiesen und einen lieben Kuss von ihrer süßen Mutter überbracht. Dann wollte sie mich auch ihre hübsche Stimme hören lassen und hat geschrien, so stark sie nur konnte ... Sie ist so herzig mit ihren kleinen geschlossenen Augen und ihren über der Brust gekreuzten Händchen. Unsere ehrwürdige Frau Mutter musste lächeln, als ich ihr sagte, meine Nichte sei eine «Anbeterin».

Elisabeth von Dijon

August

Licht und Wärme

1. AUGUST
Sonnengewalt

Unbändig war der Morgen. Gewalt von Herrlichkeit stand in der Welt. Wie habe ich begriffen, dass die Schönheit «hervorbricht gleich Heeressäulen»! Aus den dunkel leuchtenden Gestalten der Berge, aus jeglichem Ding im Wunder dieses Lichtes fiel sie das Herz an. Die Sonne stand in der Höhe ... Sie ging in Blitzen. Sie war ein Ausbruch von langen, einander sengend durchfaltenden Strahlenblitzen. Das war die Sonne, die ein erschreckendes Geheimnis, tötende Herrlichkeit ist ... So war es, und ich habe begriffen, wie der Mensch erschrocken und jubelnd in dieser Sonne Unirdisches erblickt und anbetet.

Romano Guardini

2. AUGUST
In die Sonne schauen

Wohlbekannte Erde,
abgegraste Weide,
unbekannte Erde,
wenn du in die
Tiefe vordringst,
unerschöpflich sind die Schätze,
die dein Leben kosten.
Solange ich in die Sonne schaue,
bleibt mein Schatten hinter mir.

Kyrilla Spieker

Das Licht

Geh noch einmal die Ereignisse des Tages durch,
angefangen vom Augenblick des Erwachens
bis zum jetzigen Augenblick …

Fange mit dem ersten Geschehen an:
mit dem Aufwachen.
Schau es sozusagen von außen an,
wie ein neutraler Betrachter es tun würde …

Beobachte
nicht gerade das äußere Moment des Aufwachens,
sondern deine inneren Reaktionen:
deine Gedanken …
und Gefühle …
deine Phantasien …
und deine Stimmung …

Dann gehe zum nächsten Geschehen über …
Und so zu jedem Tagesabschnitt …
Beurteile weder dich noch das Geschehen.
Sieh es dir nur an.

Kein Tadel, kein Lob.
Nur das Licht des Bewusstseins
kann alles, was schlecht ist, zerstreuen
und alles, was gut ist, zum Leben erwecken.

Und dein Leben wird hell
und durchsichtig.
                    Anthony de Mello

4. AUGUST
Lichtküste

Lichtküste
Ufer

sehr steil
und doch eben
mein Jubel
macht
stumm

du hältst mich
am Leben
das Lichtmeer
nur Lichtmeer

das brächte mich
um
Silja Walter

5. AUGUST
Das Licht schauen

Wer niemals das Licht geschaut hat, der hat auch keine
Ahnung davon, wie tief die Finsternis sein kann.
Isaak von Stella

Licht und Schatten

Ein Mann wollte seinen Schatten loswerden. Aber es gelang ihm nicht. Er wälzte sich auf dem Boden, sprang ins Wasser, versuchte, über den Schatten zu springen, alles vergeblich. Ein weiser Mann hörte diese Geschichte und meinte: «Wie dumm der Mann doch ist. Er hätte sich doch nur in den Schatten eines Baumes zu stellen brauchen.» Das klingt sehr einleuchtend, ist vielleicht auch manchmal eine Lösung, aber immer nur eine vorübergehende Lösung. Sich damit zu trösten, dass der andere auch Fehler hat, ändert die Fehler doch nicht. Ich ändere mich auch nicht, wenn ich meinen Schatten, meine Fehler, nicht wahrhaben will. Das ist unsere beliebteste oder auch unsere unmöglichste Auffassung, wie die Geschichte zeigt. Der Schatten versteht sich nur vom Licht. Wo viel Licht ist, ist viel Schatten. Wo viel Liebe ist, wird mangelnde Liebe gefühlt. Ich werde also nie wissen, ob ich mich geändert habe, gewachsen bin. Aber wenn ich den Schatten merke, habe ich doch Licht. Gleichgültigkeit ist also die schlimmste Fehlform menschlichen Verhaltens, da gibt es weder Schatten noch Licht.

Matthias Utters

Sonnenstrahl

Damit man das noch besser versteht, bringen wir ein Beispiel mit dem natürlichen und gewöhnlichen Licht. Wir sehen, dass der durch ein Fenster einfallende Sonnenstrahl umso undeutlicher zu sehen ist, je klarer und reiner er von Staubteilchen ist, und umso deutlicher dem Auge erscheint, je mehr Staubteilchen und Fäserchen die Luft enthält. Der Grund dafür ist, dass das Licht nicht in sich selbst gesehen werden kann, sondern das Mittel ist, durch das die andern Dinge, auf die es stößt, gesehen werden; selbst ist das Licht dann erst in der Widerspiegelung zu sehen, die es in den Dingen hervorruft, und wenn es nicht auf sie träfe, sähe man weder die Dinge noch das Licht. So ist es auch, wenn ein Sonnenstrahl durch das Fenster eines Zimmers einfällt und das Zimmer durch ein Fenster auf der anderen Seite wieder verlässt: Es wäre im Zimmer nicht mehr Licht als zuvor, und man würde den Strahl auch nicht bemerken, wenn er nicht auf irgendetwas fiele oder es in der Luft Staubteilchen gäbe, in denen er sich widerspiegeln könnte. Es ist sogar so: Wenn man gut hinschaut, ist mehr Dunkelheit da, wo der Strahl ist; denn dieser entzieht dem anderen Licht etwas und verdunkelt es, während er nicht zu sehen ist, weil es, wie wir sagten, keine sichtbaren Gegenstände gibt, in denen er sich widerspiegeln könnte. Genauso macht es der göttliche Strahl der Kontemplation im Menschen.

Johannes vom Kreuz

8. AUGUST
Schwarzes Licht

Ich lasse das Denken
die Türe fällt
hinter ihm
zu

Wind bläst mir den Docht
aus dem Sinn

da verdorrt der Sprudel
ich schaue
hinab in den Grund
zuunterst
darin
redest du
ohne Worte und ohne
Gesicht

O du schwarzes
alles auslöschendes
Licht
    Silja Walter

9. AUGUST
Leuchten und Dunkel

Wenn das Licht vorn auf die Berge trifft, dann macht es
sie blass, und sie verlieren in der Helle ihre Gestalt.
Kommt es aber vom Rücken her über ihre Schulter nie-

der, oder die Sonne steht zur Seite und strahlt an ihre Flanken, dann ist auf ihnen Leuchten und Dunkel zugleich. Dann tritt jede Fläche hervor; jede Stufung, jede Treppe hebt sich klar geformt heraus; Falten und Risse sinken tief ein; alle Kanten, alle Zacken werden scharf – so scharf und zackig und kantig, dass man die herrliche Härte zu fühlen meint.

Romano Guardini

10. AUGUST
Lichthimmel

Schau im Geiste jenen Ort, den «Lichthimmel»; wunderbares Glorienlicht erfüllt ihn ganz und gar. Vielleicht können einige Gleichnisse, wie die Heiligen sich ihn vorstellten, auch dir eine Ahnung geben von seiner Herrlichkeit. Der Himmel gleicht einer Stadt, aus reinstem Golde und kostbarsten Edelsteinen erbaut. Jedes ihrer Tore ist eine einzige Perle nur. Im Innern gar herrliche Gefilde, blumige Auen mit Rosen und Lilien und allem Schönen, was immer die Natur zu bieten vermag. Wohlgerüche und Pracht, wie keine Zunge sie schildern könnte. Und all das – unvergängliche, unverwelkliche Herrlichkeit, ewiger Sommer, ewiges Blühen. Und die wonnige Heimstätte dauernden Glückes ist notwendig auch die Heimstätte dauernden Friedens. Ohne je die mindeste Störung leben die Heiligen darin. Denn sie schließt alles in sich, was nur immer das Herz erfreuen, beseligen kann.

Garcia de Cisneros

11. AUGUST
Himmelsweite

Wenn ich zurückdenke, ist da ein Weben von Meer und Himmelsweite. Inseln gleiten vorbei, Boote mit großen Segeln, leichte Nachen mit biegsam rudernden Gestalten. Steinblöcke sind geschichtet, verwitterte Kanten ecken vor, Fundamente sind durchbrochen. Brücken schwingen sich; zuweilen geht der Blick unter einer weg durch zwei, drei andere, die vielfach im Winkel gestellt sind. Treppen, Tore, Straßen scheinen nicht aus Rechnung, sondern aus wuchernder Phantasie zu wachsen. Vergangenheit sieht her, Gegenwart lärmt, verbunden durch das leise schwankende Gleiten der Gondel. Durch alles aber dringt das hohe Bild der Gottesmutter von Torcello vor, und alles wird mir wesenlos vor der Ewigkeit dieser Gestalt.
Romano Guardini

12. AUGUST
Die Himmelsleiter

Die geistliche Tradition kennt das Bild der Himmelsleiter. Der spirituelle Weg ist durchaus einer Leiter vergleichbar, die nach oben führt. Aber diese Leiter ist zugleich auch tief in die Erde eingerammt. Sie führt nur weiter, wenn wir unser Menschsein annehmen. Das ist das christliche Paradox: Wer hinabsteigt, der steigt hinauf. Wer hinaufsteigen möchte, um seiner Erdhaftigkeit zu entrinnen, der wird immer wieder herunterfallen – und mit seinem Vorhaben scheitern. Nichts anderes besagt das Wort Jesu: Wer sich selbst erniedrigt, wird erhöht werden, wer sich selbst erhöht, wird erniedrigt werden. Oder, wie es der Epheserbrief ausdrückt: Nur der steigt also zum Himmel empor, der zuvor hinabgestiegen ist – auf die Erde oder in seinen eigenen Hades.

Anselm Grün

13. AUGUST
Seelenströme

Die (trockene) Luft bewegt auch zusammen mit der wasserreichen Luft das Meer, aus dem Flüsse, die die Erde bewässern und kräftigen, getrennt herausfließen. Das zeigen die Adern, die untereinander verbunden den gesamten Menschen mit dem Blut stärken. Auch die Seele, die luftartig ist und durch die alle Werke des Menschen vollendet werden wie durch die Luft alle Früchte der Erde, stellt dem Menschen seine Werke vor Augen, damit er durch die Gedanken, die in ihn wie das Meer einströmen, Nützliches und Unnützes unterscheidet.

Hildegard von Bingen

Der schützende Lichtstrahl

In einem Tale war eine Schreckenshöhle. Gefräßige Untiere hausten darin, Geschöpfe der Hölle, Söhne des Teufels. Geheul und Gestank und Blitze drangen heraus und erfüllten die Bewohner der Gegend mit Angst und Entsetzen. Armer Bote, armer Hirte, der dort in der Nacht vorbeikam! Er kehrte nicht wieder.

An einem strahlenden Morgen, als die Sonne besonders hell über das Land leuchtete, erschien ein junger Mann im Dorfe. Er sagte: «Ich werde in die Schreckenshöhle gehen.» Er sah gut aus und war stark, schien mutig und gutmütig. Die Frauen beklagten ihn: «Der Arme! Die Teufelstiere werden ihn fressen!» «Ich gehe doch!», sagte er. «Armer! Sie werden dich zerreißen!» «Ich gehe doch!»

«Junger Mann», sagte ein alter Mann, «viele gingen schon in die Höhle, von keinem hat man wieder etwas gehört».

«Ich gehe doch!»

So überließen sie ihn seinem Geschick. Das ganze Dorf begleitete den Verlorenen bis in die Nähe der Höhle. Dann ging der junge Mann allein und ohne Waffen hinein und verschwand.

Nicht lange warteten die Dörfler. Ein Untier kam aus der Höhle, wankend, stolpernd, geblendet von der Sonne. Hinter ihm noch eines, noch eines, immer mehr. Die Ungeheuer wimmerten, heulten, schwankten, fielen zu Boden, stürzten die Abhänge hinunter in die Klüfte.

Alle waren geflohen, als das erste Untier erschien. Nun fassten die Männer Mut. Mit Baumstämmen schlugen sie auf die Tiere ein und warfen mit großen Steinen nach ihnen. Die Ungeheuer wimmerten und zappelten, ohne sich zu wehren. Als das letzte Tier getötet war, dachten sie

wieder an den jungen Mann. Sie gingen zum Eingang der
Höhle und warteten. Nun schritt er aus dem Dunkel, heiter und lächelnd. Sie sahen ihn starr an.
«Ich hatte einen Talisman bei mir», sagte er, «unfehlbar
ist er gegen die Geschöpfe des Dunkels».

Diesen Beschützer wollten sie sehen, der so stark war,
dass die Tiere der Nacht vor ihm geblendet und torkelnd
flohen. Der junge Mann öffnete die Hand: «Hier hielt ich
ihn, vorsichtig, behutsam, gehorsam – es war ein Lichtstrahl!»

Hermann Gilhaus

15. AUGUST

Der passende Ort

Als der Tag Mariä Himmelfahrt gekommen war, das ist
der fünfzehnte August des Jahres 1568, fand die Inbesitznahme des Klosters statt. Wir waren nur kurze Zeit dort,
da wir nahezu alle sehr krank wurden. Als eine Dame
dieser Stadt mit Namen Dona Maria de Mendoza, die
Schwester des Bischofs von Ávila, sah, dass man nicht
ohne Beschwerden dort bleiben konnte, weil der Ort
nicht nur für Almosen so abgelegen, sondern außerdem
ungesund war, sagte sie uns, dass wir dieses Haus aufgeben sollten und sie uns ein anderes kaufen würde. Und so
machte sie es auch. Das, was sie uns gab, war viel mehr
wert, da sie uns dazu alles gab, was wir bis jetzt gebraucht
haben, und es so halten wird, solange sie lebt.

Teresa von Ávila

16. AUGUST
Rezept für Sonnenschein

Wenn du die Zutaten von «Sonne» kennst, kannst du sie selber machen, so gut wie das tägliche Essen: Steh morgens nicht zu spät auf. Schau in den Spiegel, lach dich selber an und sag zu dir selbst: «Guten Morgen!» Dann bist du schon in Übung und kannst den anderen auch «Guten Morgen!» sagen. Nimm eine große Portion Güte, dazu einen ordentlichen Schuss Geduld – auch mit dir selbst. Vergiss die Prise Humor nicht, um die Misserfolge zu verdauen. Misch ein gehöriges Maß Arbeitslust hinein und gieße über alles ein großes Lächeln – selbstgemachter Sonnenschein!

Phil Bosmans

17. AUGUST
Sonnenaufgang

Eines Tages traf ein Pilger auf seinem Weg einen Mann, der auf einer Wiese saß und wie ein Mönch aussah. In der Nähe arbeiteten Männer an einem Gebäude aus Stein. «Sie sehen wie ein Mönch aus», sagte der Pilger. «Das bin ich auch», antwortete der Mönch. «Und wer sind die, die an der Abtei arbeiten?» «Meine Mönche», sagte der Mann, «ich bin ihr Abt». Da antwortete der Pilger: «Es tut gut zu sehen, dass ein Kloster gebaut wird.» «Wir reißen es ab», sagte daraufhin der Abt. «Warum denn das?», rief der Pilger. «Damit wir im Morgengrauen den Sonnenaufgang sehen können», antwortete der Abt.

Überlieferung der Wüstenväter

18. AUGUST
Leidenschaften der Seele

Ein berühmter Theologe möchte gerne mit dem Altvater Poimen über das geistliche Leben sprechen, über himmlische Dinge, über den dreifaltigen Gott. Doch Poimen hört sich das an, ohne zu antworten. Ärgerlich schickt der Theologe sich an, den Mönchsvater zu verlassen. Da geht sein Begleiter zu Poimen und sagt: «Vater, deinetwegen kam dieser große Mann, der in seiner Gegend ein so großes Ansehen besitzt. Warum hast du denn nicht mit ihm gesprochen?» Der Greis gab zur Antwort: «Er wohnt in den Höhen und spricht Himmlisches, ich aber gehöre zu denen drunten und rede Irdisches. Wenn er von den Leidenschaften der Seele gesprochen hätte, dann hätte ich ihm wohl Antwort gegeben. Wenn er aber über Geistliches spricht, so verstehe ich das nicht.»

Anselm Grün

19. AUGUST
Der Beduine

Der Beduine, der sich in der Wüste auskennt,
tauchte mich in tiefe Nachdenklichkeit
mit seiner geheimnisvollen Bemerkung:
Es genügt das Fehlen eines Sternes,
damit eine Karawane
die Richtung verliert.

Hélder Câmara

20. AUGUST
Die Oase

Ein «moderner» Mensch verirrte sich in der Wüste. Die unbarmherzige Sonnenglut hatte ihn ausgedörrt. Da sah er in einiger Entfernung eine Oase. «Aha, eine Fata Morgana», dachte er, «eine Luftspiegelung, die mich narrt. Denn in Wirklichkeit ist gar nichts da!» Er näherte sich der Oase, aber sie verschwand nicht. Er sah immer deutlicher die Dattelpalmen, das Gras und vor allem die Quelle. «Natürlich, eine Hungerphantasie, die mir mein halbwahnsinniges Gehirn vorgaukelt», dachte er jetzt. «Solche Phantasien hat man bekanntlich in meinem Zustand. Jetzt höre ich das Wasser sprudeln – eine Gehör-Halluzination! Wie grausam die Natur ist!» Kurze Zeit später fanden ihn zwei Beduinen tot. «Kannst du so etwas verstehen?», sagte der eine zum anderen. «Die Datteln wachsen ihm beinahe in den Mund. Und dicht neben der Quelle liegt er verhungert und verdurstet. Wie ist das möglich? – Da antwortete der andere: «Er war ein ‹moderner Mensch›!»
Hermann Gilhaus

21. AUGUST
Das reine Licht

Gibt es Tieferes als das ganz reine Licht? Für Novalis war das Letzte die Nacht; für Michelangelo auch. Das war Tiefe aus dem anderen Bereich. Ihr gegenüber bedeutet Helligkeit leicht so viel wie Oberfläche. Der klassisch Geartete aber sieht, dass es gar nicht abgründiger hinabge-

hen kann als in der Klarheit mancher Nachmittage, wenn
alle Dinge von Licht getränkt sind. Ihn schauert es, und
sein Herz klopft vor der Unergründlichkeit dessen, was
so genau umformt und so hüllenlos durchsichtig ist. Ihm
öffnet sich in der rein geformten Säule oder in der grie-
chischen Vase, an der nichts verborgen ist, die letzte Tiefe.
Romano Guardini

22. AUGUST
Lebendige Freude

Der französische Dichter *André Gide* schreibt einmal:
»Zuzeiten wurde meine Freude so groß, dass ich etwas
von ihr mitteilen wollte – irgendeinen lehren, was sie in
mir so lebendig machte.« Es gibt eine stille Freude, die
man lieber für sich behalten möchte. Sie erfüllt das Herz
mit Heiterkeit und innerem Frieden. Man strahlt sie aus,
aber man kann nicht über sie sprechen. Sie ist einfach da.
Aber es gibt auch Freuden, die einfach zur Mitteilung
drängen, die das Herz zum Überlaufen bringen. Es muss
nicht eine laute Freude sein über einen Erfolg oder eine
Liebe, die einem geschenkt wurde. Es gibt Augenblicke,
in denen die Freude in uns so groß wird, dass wir sie
nicht mehr für uns behalten können. Die stille Freude
kann dann so anschwellen, dass wir sie einem andern
mitteilen müssen.
Anselm Grün

23. AUGUST
Die Rose

Von Rainer Maria Rilke gibt es eine Geschichte aus der Zeit seines ersten Pariser Aufenthaltes. Gemeinsam mit einer jungen Französin kam er um die Mittagszeit an einem Platz vorbei, an dem eine Bettlerin saß, die um Geld anhielt. Ohne zu irgendeinem Geber je aufzusehen, ohne ein anderes Zeichen des Bittens oder Dankens zu äußern als nur immer die Hand auszustrecken, saß die Frau immer am gleichen Ort. Rilke gab nie etwas, seine Begleiterin gab häufig ein Geldstück. Eines Tages fragte die Französin verwundert nach dem Grund, warum er nichts gebe, und Rilke gab ihr zur Antwort: «Wir müssten ihrem Herzen schenken, nicht ihrer Hand.»

Wenige Tage später brachte Rilke eine eben aufgeblühte weiße Rose mit, legte sie in die offene, abgezehrte Hand der Bettlerin und wollte weitergehen. Da geschah das Unerwartete: Die Bettlerin blickte auf, sah den Geber, erhob sich mühsam von der Erde, tastete nach der Hand des fremden Mannes, küsste sie und ging mit der Rose davon.

Eine Woche lang war die Alte verschwunden … Nach acht Tagen saß sie wieder wie gewohnt am alten Platz. Sie war stumm wie damals, wiederum nur ihre Bedürftigkeit zeigend durch die ausgestreckte Hand. «Aber wovon hat sie all die Tage … nur gelebt?», fragte die Französin. Rilke antwortete: «Von der Rose» …

Josef Bill

24. AUGUST
Mittagslicht

O wirklicher Mittag,
Fülle der Wärme und des Lichtes,
bleibender Sonnenstand,
du machst die Schatten schwinden,
trocknest die Sümpfe,
reinigst die Lüfte!
O ewige Sommersonnenwende,
da der Tag nicht mehr abnimmt!
O Mittagslicht,
o Frühlingsmilde,
o Sommerpracht,
o Herbstsegen
und – um nichts zu übergehen –
o Winterruhe, Winterfeier!
Bernhard von Clairvaux

25. AUGUST
Zur Verfügung

Die meisten Menschen ahnen nicht, was Gott aus ihnen machen könnte, wenn sie sich ihm nur zur Verfügung stellen würden.
Ignatius von Loyola

26. AUGUST
Leuchtende Augen

Eines Tages ging ich durch die Straßen Londons. Ich sah einen Mann, der zusammengekauert dasaß. Er schien einsam und verlassen. Als er mich bat, ich solle mich zu ihm niederbeugen, blieb ich stehen, nahm ihn bei der Hand, schüttelte sie und fragte ihn, wie es ihm gehe. Er blickte auf und sagte: «Nach langer Zeit spüre ich endlich wieder die Wärme einer menschlichen Hand, nach so langer Zeit …» Seine Augen leuchteten auf, und er setzte sich aufrecht hin. Schon dieses bisschen Wärme einer menschlichen Hand brachte Freude in sein Leben. Du musst das einmal erleben. Du musst deine Augen weit öffnen und ebenso handeln.

Mutter Teresa

27. AUGUST
Freude

Die Freude steckt nicht in den Dingen, sondern im Innersten unserer Seele.

Therese von Lisieux

28. AUGUST
Wahre Armut

Ich bin überzeugt, dass Prestigedenken und Geld fast immer zusammengehen, und dass derjenige, der Prestige möchte, Geld nicht zurückweist, und demjenigen, der Geld zurückweist, wenig am Prestige liegt ... Denn nur durch ein Wunder oder niemals ist in der Welt jemand angesehen, wenn er arm ist, im Gegenteil, man hält ihn für gering, selbst wenn er an sich ehrenwert ist. Die wahre Armut bringt ein so ehrenvolles Ansehen mit sich, dass es niemanden gibt, der das erträgt; ich meine die (Armut), bei der es nur um Gott geht, und die es nicht nötig hat, jemanden zufriedenzustellen außer ihm. Ganz sicher ist jedenfalls, dass man viele Freunde hat, wenn man niemanden braucht, das weiß ich aus Erfahrung.

Teresa von Ávila

29. AUGUST
Versöhnt und einverstanden

Nur wenn ich mit mir selbst versöhnt bin, kann ich auch daran denken, Menschen in meiner Umgebung, die mit mir und mit anderen im Streit liegen, zu versöhnen. Menschen, die in sich gespalten und unversöhnt sind, werden auch um sich herum Spaltung hervorrufen.

Anselm Grün

30. AUGUST
Energiefelder

Wenn man den Rosenkranz in der Gruppe betet, bekommt er eine gesteigerte Intensität, die der einzelne Beter unter Umständen nicht erfährt. Ebenso verhält es sich mit dem Chorgebet. Das Chorgebet erhält seine Wirkung sowohl durch die Gruppe als auch durch die monotone, gleichmäßige Rezitation. Bei beiden handelt es sich um Gruppengebete, bei denen ein Energiefeld entsteht, das die einzelnen Betenden durchdringt und trägt.

Willigis Jäger

31. AUGUST
Mannigfache Töne

Es ist schön, wenn man in eine fremde Stadt fährt, um in ihr nicht alles Mögliche, sondern nur eines zu sehen, ein Werk, einen Bau. Dann erhält der Tag etwas Gesammeltes. Die Fahrt bewegt sich auf das Ziel hin; was sonst begegnet, verbindet sich mit ihm, vorbereitend, steigernd, mannigfache Töne in den einen Klang, der doch Herrscher bleibt, einfügend; und schließlich kehrt man, von einem großen Bilde gesättigt, zurück.

Romano Guardini

September

Offen sein für andere

1. SEPTEMBER
Der neunte Monat

Der neunte Monat ist die Zeit der Reife und zeigt sich
nicht mehr schrecklich durch Unwetter. Allen überflüssi-
gen Saft der Früchte, die zum Essen taugen, nimmt er
weg. Denn er trägt alles sicher wie in einem Sack.

Hildegard von Bingen

2. SEPTEMBER
Die Lampe

Als ich einmal in das Haus eines Mannes kam, fragte ich
ihn: «Darf ich Ihr Haus saubermachen?» Er sagte: «Mir
geht es gut.» – «Es wird Ihnen besser gehen, wenn Sie
mich etwas aufräumen lassen.» Schließlich erlaubte er
mir zu putzen. In der Ecke des Zimmers sah ich eine
große Lampe, die voller Schmutz war. Ich fragte: «Zün-
den Sie die nie an?» – «Für wen soll ich sie denn anzünden? Seit Jahren ist keiner mehr zu mir gekommen, seit
Jahren … » Darauf fragte ich ihn: «Würden Sie die Lampe
anzünden, wenn die Schwestern kommen?» – «Ja.» Also
habe ich die Lampe geputzt. Wenn die Schwestern zu
ihm kamen, hat er jedes Mal die Lampe angezündet. Zwei
Jahre danach ließ er mir ausrichten: «Sag meiner Freun-
din, dass das Licht, das sie in meinem Leben angezündet
hat, immer noch brennt.»

Mutter Teresa

Verbindlich frei

Sich
kein
endgültiges
bild
voneinander
machen

festgefahrene
bilder
voneinander
loslassen

eine
entdeckungsreise
beginnen
kreativ
neue seiten
kennenlernen

so
werden
wie gott
uns von
anfang
gemeint
hat

verbindlich
frei
Pierre Stutz

4. SEPTEMBER
Größenwahn

Der Löwe zog durch die Steppe. Dort traf er einen Hasen.
Der Löwe richtete sich auf und fragte: «Wer ist der König
der Tiere?» Der Hase erstarrte vor Ehrfurcht und sagte:
«Sie, Herr Löwe!» Der Löwe lächelte und ging weiter. Er
traf eine Gazelle und fragte auch sie. Auch die Gazelle be-
stätigte ihm verängstigt, dass er der Größte sei. Dasselbe
geschah dann noch mit einer Hirschkuh, einem Zebra
und einer Giraffe. Der Löwe wurde immer dreister.
Schließlich traf er ein Nashorn. Das Nashorn ist viel größer und stärker als ein Löwe, aber es ließ sich von dessen
lautem Gebrüll einschüchtern und sagte ihm auch: «Sie
sind der Größte!» Am Ende traf der Löwe den Elefanten.
Durch so viel Selbstbestätigung hatte er nun Mut, auch
beim Elefanten anzufragen. Dieser hob nur einen Fuß
und gab ihm einen Nasenstüber. Verlegen meinte der
Löwe: «Man darf ja schließlich noch fragen.»
Matthias Utters

5. SEPTEMBER
Vernunft

Nur die Vernunft macht uns zu Menschen, und dennoch
ist es so selten, dass man wirklich vernünftige Menschen
findet.
Franz von Sales

6. SEPTEMBER
Auf den anderen hören

In kleinen alltäglichen Begebenheiten fällt es mir besonders schwer, die anderen zu lassen, wie sie sind, und wie sie sich ausdrücken. Ich habe meine Vorstellungen, wie der Tisch gedeckt sein soll, wie der Empfang der Gäste geschieht etc. In kleinen Dingen können sich große Werte ausdrücken. Wenn ich lerne zu spüren, was mir wichtig ist, kann ich im Gespräch auch besser auf die anderen hören und die Verschiedenheit spüren – und darin Wege finden, wie beide sich entfalten können.

Pierre Stutz

7. SEPTEMBER
Gehör schenken

Es fällt uns wahrlich nicht leicht, jemandem Gehör zu schenken. Noch mehr als äußere Umstände können uns Gewohnheiten, Vorurteile und innere Barrieren davon abhalten, einem unser Ohr zu öffnen. Wir sind von Haus aus alles andere als hör- und empfangsbereite Menschen. Es bedarf nicht nur bestimmter Anstrengungen, sondern einer grundsätzlichen Wende und Entscheidung, die uns in den Zustand von Hörern versetzen. Das Hören stiftet Gemeinschaft, ermöglicht Austausch und Begegnung. Ein Großteil unserer Möglichkeiten liegt in seiner Hand.

Christian Schütz

8. SEPTEMBER
Verstehen lernen

Um seinen Mitmenschen nach Kräften zu helfen, müsste jeder gute Christ die Einstellung haben, dass er die Auffassung des anderen zu verstehen und zu würdigen – nicht aber von vornherein zu verurteilen – trachtet. Kann er mit etwas nicht einverstanden sein, so frage er erst einmal den Betreffenden, wie er es denn meine. Findet er ihn übel beraten, so suche er ihn in Liebe aufzuklären; und gelingt es ihm nicht gleich, so lasse er doch kein schickliches Mittel unversucht, damit jener zur Einsicht komme und sein Heil wirke.

Ignatius von Loyola

9. SEPTEMBER
Mit Achtung begegnen

Wenn man die Menschen kennt, so wundert man sich nicht über Fehlurteile. Sie kommen von der menschlichen Begrenztheit. Unser Urteil über die Menschen steht meist unter dem Einfluss von Zweitursachen, und oftmals sehen wir das Wesentliche, Wichtigere nicht, weshalb unser Urteil nicht vollständig ist. Wir gewahren leichter die negative als die positive Seite, weil die Fehler uns stärker berühren; und daher kommt es manchmal, dass Personen, die Achtung verdienen, sie nicht erhalten.

Gabriel a S. Maria Magdalena

10. SEPTEMBER
Einer trage des anderen Last

Einer wird
dem andern
zur Last.
Einer schleppt
des anderen
Last.
Einer wird
unter des
anderen Last
des anderen
Gnade.

Zusammen leben
heißt, alle Tage
miteinander
neu beginnen.
Den anderen annehmen
heißt, nicht nur
seine Grenzen,
sondern auch
seine Fähigkeiten
bejahen.

Während ich
mich an deinen
Grenzen stoße,
werden meine
sichtbar.
Kyrilla Spieker

11. SEPTEMBER
Geheimnisse wahren

Immer wieder wird es Menschen geben, die den gegenwärtigen Augenblick nicht vergessen, die einander halten und festhalten wollen, weil ihnen nie der Gedanke kommt: Jetzt ist es genug, jetzt ist alles gesagt. Weil in ihnen nie das Gefühl aufsteigt: Für die kommenden Tage können wir einander entbehren. Und doch wird die Stunde kommen, in der dies geschieht. Die Zusage solcher Bedürftigkeit geschieht jedoch nicht laut. Geheimnisse sind wie schwingende Kostbarkeiten des eigenen Herzens. Man kann sie nicht auf den Markt tragen. Doch wenn wir sie jemandem anvertrauen, soll er wissen: Das Geflüsterte ist darum so leise, weil es so heilig ist.

Josef Bill

12. SEPTEMBER
Nicht richten

Wenn ein Mönch noch so streng fastet und noch so hart arbeitet, dann taugt das alles nichts, wenn er trotzdem noch andere richtet. Die Askese hat ihn dann nur dazu geführt, dass er sich über andere erheben kann. Sie hat der Befriedigung seines Stolzes gedient, der Steigerung seines Selbstwertgefühls. Wer in seiner Askese sich selbst begegnet ist, wer es ausgehalten hat, im *Kellion* (Zelle) zu bleiben, wenn das Verdrängte hochkommt, dem ist jedes Richten anderer vergangen.

Anselm Grün

13. SEPTEMBER
Fragen wagen

Besorgnis ist nun aber das Zeichen geistiger Unsicherheit, die Frucht unbeantworteter Fragen. Fragen lassen sich aber nicht beantworten, wenn sie nicht zuvor gestellt worden sind. Und so gibt es eine viel größere Sorge, eine viel tiefere Unsicherheit, nämlich jene, die aus der Furcht stammt, die rechten Fragen zu stellen – denn vielleicht erweisen sie sich als unbeantwortbar. Eine der sittlichen Krankheiten, die wir in der Gesellschaft aufeinander übertragen, kommt von unserem Zusammenhocken im Dämmerlicht einer ungenügenden Antwort auf eine Frage, die wir nicht zu stellen wagen.

Thomas Merton

14. SEPTEMBER
Innigkeit und Zutrauen

Wo immer die Brüder sind und sich treffen, soll einer dem andern Bruder sein. Jeder rede dem andern unbesorgt von seinen Bedürfnissen. Denn wenn eine Mutter ihren leiblichen Sohn nährt und liebt, muss einer seinen geistigen Bruder noch viel mehr lieben und nähren. Wenn einer von ihnen krank wird, müssen die anderen Brüder ihn pflegen, wie sie gepflegt werden möchten.

Franz von Assisi

15. SEPTEMBER
Danke

Eines Abends haben wir auf der Straße vier Leute aufgelesen. Die eine Frau war in einer sehr schlimmen Verfassung. Ich sagte zu den Schwestern: «Kümmert ihr euch um die anderen drei, ich kümmere mich um die Frau, um die es am schlechtesten steht.» Ich schenkte ihr all meine Liebe und brachte sie in ein Bett. Auf ihrem Gesicht lag ein schönes Lächeln. Sie hielt meine Hand und sagte nur ein Wort: «Danke.» Dann starb sie.

Mutter Teresa

16. SEPTEMBER
Mit sich selbst zurechtkommen

Der Erfolg unserer spirituellen Entwicklung kann nicht an der Zeit gemessen werden, die wir brauchen, um mit uns selbst zurechtzukommen. Was zählt ist, ob wir uns jemals eingestehen, wer oder was wir sind. Wir können jahrelang sagen: «Tja, so bin ich eben.» Doch erst, wenn wir uns sagen: «So bin ich, und um meiner Mitmenschen willen muss ich mich ändern», haben wir den Kampf mit unserer Seele aufgenommen. Manchmal dauert es ein Leben lang, bis wir endlich ehrlich genug sind, um damit anzufangen.

Joan Chittister

17. SEPTEMBER
Ermahnung

Anders muss man Arme, anders Reiche ermahnen: Jenen nämlich müssen wir Trost in der Trübsal bringen, diesen aber Furcht vor ihrem Stolz einflößen. Einer Armen sagt ja der Herr durch den Propheten: «Fürchte dich nicht, denn du wirst nicht beschämt werden.» Gleich darauf ruft er ihr freundlich zu: «Du Arme, vom Wettersturm Verstörte.» Und wiederum tröstet er sie mit den Worten: «Ich habe dich ausgeschieden im Schmelzofen des Elends.»

Gregor der Große

18. SEPTEMBER
Menschlich führen

Der Abt muss bedenken, was er ist, und bedenken, wie man ihn anredet. Er wisse: Wem mehr anvertraut ist, von dem wird mehr verlangt. Er muss wissen, welch schwere und mühevolle Aufgabe er auf sich nimmt: Menschen zu führen und der Eigenart vieler zu dienen. Muss er doch dem einen mit gewinnenden, dem anderen mit tadelnden, dem dritten mit überzeugenden Worten begegnen. Nach der Eigenart und Fassungskraft jedes Einzelnen soll er sich auf alle einstellen und auf sie eingehen. So wird er an der ihm anvertrauten Herde keinen Schaden erleiden, vielmehr kann er sich am Wachsen einer guten Herde freuen.

Benedikt von Nursia

19. SEPTEMBER
Vollkommenheit

In seinen Regeln gibt der heilige Benedikt den Mönchen
einen sehr weisen Rat: Sie sollen sich nicht wünschen,
Heilige genannt zu werden, bevor sie heilig sind, vielmehr sollen sie zuerst Heilige werden, damit ihr Ruf der
Heiligkeit auf Wirklichkeit beruhe. Das betont den großen Unterschied zwischen wirklicher Vollkommenheit
und der menschlichen Vorstellung und Einbildung von
Vollkommenheit; man könnte noch genauer vielleicht
sagen, den Unterschied zwischen Heiligkeit und Narziss-
mus, der krankhaften Verliebtheit in sich selbst.

Thomas Merton

20. SEPTEMBER
Zauberworte

Aus Märchen kennen wir Worte, in denen Zauberkräfte
wohnen. Auch im wirklichen Leben gibt es Zauberworte.
Geheimnisvolle Kräfte stecken im Lob. Jeder Mensch lebt
davon, dass er Zustimmung findet, dass man ihm zu verstehen gibt: Hier bist du willkommen. Jeder braucht von
Zeit zu Zeit ein anerkennendes Wort: Das hast du gut gemacht. Am schönsten ist das absichtslose Lob, das der
Liebe entspringt: Mensch, ich hab dich gern. Ein Lob, das
von Herzen kommt, lässt andere Herzen höher schlagen.
Jedes anerkennende Wort besitzt Zauberkräfte: Es kann
Menschen beflügeln. Lob ist wie eine Feder, Menschen
bekommen Flügel.

Phil Bosmans

21. SEPTEMBER
Das Original

Die meisten Menschen werden als Original geboren und
sterben als Kopie. Durch vielerlei Fremdeinflüsse – Eltern, Verwandte, Nachbarn, Medien – werden wir ermuntert, gute und schlechte Eigenschaften anzunehmen,
Beispiele nachzuahmen und Ideale zu übernehmen. Die
Gesellschaft steckt den Rahmen ab. Wer nicht in vorgefasste Normen passt, wird schnell als Außenseiter und
Spinner verurteilt. Wo haben Originale da noch Platz?
Wenn wir uns aber auf Begegnungen einlassen, wenn unterschiedlichste Menschen, die einander vorher nicht
kannten, zu Freunden werden, dann gewinnen wir dem
Leben Farbe, Sinn und Freude ab. Wir sind auf dem
Wege zu uns selbst, zum Original, zum Ebenbild Gottes,
wie er es uns einst erschaffen hat.

Hermann Gilhaus

22. SEPTEMBER
Vom wahren Schenken

Jede Gabe erzählt mir etwas von ihrem Geber. Nicht in
erster Linie die Kostbarkeit des Geschenks, sondern die
Hand, aus der es kam, ist wichtig … Oft sind die wirklich
liebenswürdigen Kostbarkeiten kleine Dinge, mitunter
bleiben «wertvolle» Andenken recht kalt. Sie waren zu
teuer erkauft, die Verrechnung stimmte nicht. Und so lassen sie mein Zimmer, den Raum meines Lebens ohne
Wärme.

Josef Bill

23. SEPTEMBER
Das Jetzt der Ewigkeit

Das ist das Jetzt der Ewigkeit, wo die Seele in Gott alle
Dinge neu und frisch und gegenwärtig macht, mit all der
Lust, wie ich sie nun am sinnlichen «Hier und Jetzt» habe.

Meister Eckhart

24. SEPTEMBER
Sorge für die Ausgeschlossenen

Mit größter Sorge muss der Abt sich um die Brüder küm-
mern, die sich verfehlen, denn nicht die Gesunden brauchen den Arzt, sondern die Kranken. Daher muss der Abt
in jeder Hinsicht wie ein weiser Arzt vorgehen. Er schicke
ältere weise Brüder. Diese sollen den schwankenden Bruder im persönlichen Gespräch trösten, damit er nicht in
zu tiefe Traurigkeit versinkt.

Benedikt von Nursia

25. SEPTEMBER
Denken beflügelt

So wie die Vögel durch ihre Federn in die Luft erhoben
werden und sich überall in der Luft aufhalten, wird die
Seele durch das Denken emporgehalten und breitet sich
überall aus.

Hildegard von Bingen

26. SEPTEMBER
Sich kümmern

Wenn ich konnte, habe ich es nie versäumt, die Alten-
heime zu besuchen. Viele der alten Menschen sind von
ihren Söhnen und Töchtern in das Heim gebracht und
vergessen worden. Sie hatten alles, viele schöne Dinge,
aber jeder starrte auf die Tür. Ich sah nicht einen einzigen
der alten Menschen, der lächelte. Da wandte ich mich an
eine Schwester und fragte: «Wie kommt es, dass diese
Leute, denen es hier an nichts fehlt, alle auf die Tür
starren. Warum lächeln sie nicht?» Ich bin es gewohnt,
unsere Leute lächeln zu sehen, selbst die Sterbenden lächeln. Die Schwester antwortete: «Es ist fast jeden Tag das
Gleiche. Sie warten. Sie hoffen auf einen Besuch ihrer
Kinder.» Sie sind verletzt, weil man sie vergessen hat.
Hier ist Liebe nötig. Diese Art von Armut, diesen Mangel
an Liebe gibt es auch in unseren Häusern. Vielleicht gibt
es sogar in unserer eigenen Familie jemanden, der sich
allein oder unglücklich fühlt.

Mutter Teresa

27. SEPTEMBER
Anderen Gutes wünschen

Was bedeutet das eigentlich, einem andern etwas Gutes
zu wünschen? In den Reden des Buddha wird immer wieder folgende Übung empfohlen: «Der Mönch sammelt
sich, und er strahlt die Kraft des Wohlwollens, die sein
Herz erfüllt, über eine Himmelsgegend hin, ebenso über
die zweite, die dritte, die vierte; nach oben, nach unten,

in die Quere, nach allen Seiten hin. In aller Vollständigkeit über die ganze Welt hin strahlt er die Kraft des Wohlwollens, das seinen Sinn erfüllt; des breiten, ganzen, unbegrenzten, von Hass und Böswilligkeit freien Wohlwollens ...» Wenn man sich in den Sinn dieser Worte versenkt, so tritt einem daraus etwas sehr Großes entgegen. Das Wohlwollen, das gute Wollen zum andern hin, der Wunsch, dass es dem anderen wohlergehe, ist nicht nur etwas Psychologisches, ein Gedanke, eine bloß im Innern des Wünschenden vorhandene Gesinnung, sondern eine lebendige Kraft.

Romano Guardini

28. SEPTEMBER
Menschliche Gesten

Das Fahrrad ist mir ein lieber Begleiter geworden, gerade jetzt im Alter, wenn das Gehen schwerer fällt. Es ist ein Werkzeug der Fortbewegung und damit auch ein Zeichen für alles menschliche und klösterliche Bemühen ... Das Fahrrad enthebt mich nicht der eigenen Bemühungen und Anstrengungen: Ich muss aufsteigen, muss in die Pedale treten, ich spüre die Unebenheiten des Bodens, die Mühsal, wenn es aufwärts geht. Ich genieße, wenn ich abwärts gleite, und versichere mich zugleich, dass die Bremsen funktionieren, damit es nicht zu schnell wird. So gibt es auch auf dem Weg der Menschen zueinander Hilfsmittel wie das Grüßen und Zulächeln, wie Gesprächsrunden und gemeinsame Unternehmungen, die die Gemeinschaft stärken.

Odilo Lechner

29. SEPTEMBER
Sorge für die Kranken

Die Sorge für die Kranken muss vor und über allem stehen: Man soll ihnen so dienen, als wären sie wirklich Christus; hat er doch gesagt: «Ich war krank, und ihr habt mich besucht», und: «Was ihr einem dieser Geringsten getan habt, das habt ihr mir getan.» Aber auch die Kranken mögen bedenken, dass man ihnen dient, um Gott zu ehren; sie sollen ihre Brüder, die ihnen dienen, nicht durch übertriebene Ansprüche traurig machen. Doch auch solche Kranke müssen in Geduld ertragen werden, denn durch sie erlangt man größeren Lohn.

Benedikt von Nursia

30. SEPTEMBER
Die Richtschnur

Es wird sich empfehlen, ich stelle mir einen mir völlig unbekannten Menschen vor, dem ich unbefangen jegliche Vollkommenheit wünsche: Was würde ich einem solchen raten, wenn er zur größeren Ehre Gottes und zu seiner geistlichen Vollendung die betreffende Wahl vorzunehmen hätte? Was ich ihm zur Richtschnur geben würde, das will ich auch auf mich anwenden.

Ignatius von Loyola

Oktober

Mit allen Sinnen

1. OKTOBER
Ernteopfer

Nun strömt von den kargen Feldern doch
der Segen zu uns herein.
Die harte Fron, das schwere Joch
dämmert dein Erbarmen nicht ein.

Du gabst das Sprießen, du gabst das Gedeihn
und Regen und Sonne und Wind.
Wir durften es spüren, tief und rein,
dass wir deine Kinder sind.

Die beste Ernte ein Bergfeld fand:
sechs Garben, golden und schwer –
sechs Garben, die der Tod sich band,
und keine Ähre ist leer.

Gertrud Link

2. OKTOBER
Kleine Versuchungen

Die kleinen Versuchungen zu Eitelkeit, Argwohn und
Ärger, zu Eifersucht, Liebeleien und ähnlichen Torheiten
tanzen wie Mücken und Fliegen vor unseren Augen
herum, stechen uns bald auf die Wange, bald auf die
Nase; es ist unmöglich, von dieser Belästigung ganz verschont zu bleiben.

Franz von Sales

3. OKTOBER
Bilder schaffen

Es ist dem Künstler eigen, dass das, was ihn innerlich berührt, sich in ihm zum Bild gestaltet und auch von ihm nach außen gestaltet zu werden verlangt. Bild ist hier nicht auf den Bereich des Anschaulichen und der bildenden Kunst beschränkt; es ist jegliches künstlerische Gebilde darunter zu verstehen, auch das dichterische und musikalische. Es ist zugleich Bild, in dem etwas zur Darstellung kommt, und Gebilde als ein Gebildetes und in sich Geschlossenes, zu einer eigenen kleinen Welt gerundet.

Edith Stein

4. OKTOBER
Auf- und Abstieg

Man steigt nicht auf einen Berg, um auf dem Gipfel sitzen zu bleiben. Zum Aufstieg gehört der Abstieg dazu. Daran hat auch Jesus erinnert, als er nach der Verklärung auf dem Berg nicht dem Wunsch seiner Jünger gemäß drei Hütten errichten ließ, sondern sie zum Abstieg trieb. Und am Fuße des Berges angekommen, tat er ihnen kund, dass er nun nach Jerusalem gehen und leiden werde.

Willigis Jäger

5. OKTOBER
Niemals aufgeben

Es geht uns allen so, oft und immer wieder: Wir sehen nur noch Grau in Grau, können den Tag nicht mehr überschauen, wissen weder ein noch aus. Wir werden hin- und hergeworfen von Enttäuschung zur Verzweiflung. Wir ersticken in unserer eigenen Schwermut. Und doch, auch das haben wir schon erleben dürfen, sieht es am nächsten Tag oft schon etwas anders aus. Aufgeben und Verzweifeln, das wissen wir, wäre nicht nur fehl am Platz, sondern auch ein Eingeständnis unserer Schwäche und unseres Unmuts.

Adalbert Ludwig Balling

6. OKTOBER
Leitlinien des Denkens

Dein Denken mache es der Natur nach; dein Denken mache es – was seiner Würde noch mehr entspricht – dem Urheber der Natur nach und geselle Höchstes zum Niedrigsten. Hat die Natur in der Person des Menschen nicht gering zu schätzenden Lehm mit dem Atem des Lebens zusammengebracht? Hat nicht der Urheber der Natur in seiner Person das Wort und den Lehm miteinander verschmolzen? Sei dir bewusst, woraus wir unserem Ursprung nach zusammengesetzt sind, und was uns geheimnisvoll erlöst. Dann sitzt du auf der Höhe und bist doch nicht hochmütig, sondern beugst dich in deinem Selbstgefühl nieder und fühlst mit den Gebeugten.

Bernhard von Clairvaux

Der Fluss

Ich schaue zum Himmel auf und sehe
den Morgenstern hell am Firmament scheinen.
Ich sinne nach, was er sehen mag,
während er so auf mich und meine Umgebung
und auf diesen Teil der Erde hinunterschaut.
Ich stelle mir vor, was er
vor tausend Jahren,
vor fünftausend …
hunderttausend …
fünf Millionen Jahren gesehen haben muss …
Ich lasse die verschiedenen Phasen meines Lebens
an mir vorüberziehen:
Kindheit, Jugend, Reifezeit, Erwachsenenalter,
Lebensmitte …
Eine nach der anderen auf folgende Weise:
Ich suche nach Dingen, die mir
in jeder dieser Lebensphasen
unermesslich wichtig erschienen …
Dinge, die mir Kummer und Angst bereitet haben …
Dinge, an die ich mich hartnäckig klammerte …
Dinge, von denen ich glaubte,
nie mit ihnen leben zu können …
oder ohne sie …
Dann überdenke ich
einige meiner heutigen Probleme …
einige meiner jetzigen Leiden …
und ich sage bei jedem:
«Auch das geht vorüber.»
Anthony de Mello

8. OKTOBER
Die rechte Absicht

Als ich einmal darüber nachdachte, mit wie viel größerer Reinheit man lebt, wenn man Abstand zu den Geschäften hat, und wie es für mich, wann immer ich in ihnen stecke, nicht ohne viele Fehler abgehen müsse, verstand ich (Jesu Worte): Es kann nicht anders ein, Tochter; bemühe dich um die rechte Absicht und das Loslassen, und schau auf mich, damit das, was du tust, in Übereinstimmung steht mit dem, was ich tat.

Teresa von Ávila

9. OKTOBER
Freiheit des Geistes

Bewahre dir überall die Freiheit des Geistes, die von menschlicher Rücksicht unbeeinflusst ist! Du solltest immer frei sein für das Gegenteil von dem, was du gerade tust, und diesen inneren Selbstbesitz dir durch kein Hindernis entreißen lassen.

Ignatius von Loyola

10. OKTOBER
Ein guter Freund

Es ist eine große Wohltat, einen guten Freund zu haben, dem es jederzeit verstattet ist, den Freund auf seine Fehler aufmerksam zu machen.

Ignatius von Loyola

11. OKTOBER
Rituale

Rituale sind in zweierlei Hinsicht hilfreich: Erstens, weil sie eine rational getroffene Entscheidung ganzheitlich im Menschen verankern. Denn im Ritual wird der Schritt sinnlich und körperlich erfahrbar. Das verleiht ihm eine Realität, die es erleichtert, mit der neuen Situation zurechtzukommen. Oft ist es wichtig, sich mit seinen Verletzungen auszusöhnen. Das hat nichts mit Verdrängen zu tun. Die Verletzung bleibt spürbar, aber man hört auf, sich daran zu reiben und dabei alle Lebensfreude zu verlieren.

Willigis Jäger

12. OKTOBER
Die gute Erkenntnis

Wie nämlich das Firmament durch Sonne und Mond gefestigt wird, weilt der Mensch durch das Wissen um Gut und Böse hier und dort. Aber wie die Sonne ihren Lauf vollendet, ohne ihre Kreisbahn zu verringern, so geht auch die gute Erkenntnis ihren Lauf, ohne das Böse zu wünschen, vielmehr hält sie das Wissen um das Böse nieder, schilt es und tadelt es, weil in ihm kein Nutzen ist, und sie nennt es Hölle, wenn sie seine Begierden erfüllt.

Hildegard von Bingen

13. OKTOBER
Einfache Dinge

Ich bin verliebt in einfache Dinge. Verliebt sein ist ein wunderbares Gefühl. Der Frühling im Herzen. Alles wird anders, alles fängt an, in den schönsten Farben zu leuchten. Ich bin verliebt in einfache, alltägliche Dinge: eine offene Tür, ein gastlicher Tisch, ein herzlicher Händedruck, ein freundliches Lächeln, das Aufblühen einer Blume, das Zwitschern eines Vogels, die Wolken, der Bach und der Berg und der Sonnenschein. Die kleinen Dinge machen mein Leben zu einem Fest, auf das ich mich jeden Tag freuen kann. Es ist wie die Liebe im Frühling.

Phil Bosmans

14. OKTOBER
Trost schenken

Im Westen gibt es weit mehr geistliche als materielle Armut. Mir fällt es nicht schwer, einem Hungernden einen Teller Reis zu geben oder jemandem, der kein Bett hat, eine Matratze zu besorgen. Aber einen verbitterten Menschen zu trösten und ihm seine Bitterkeit zu nehmen, einen Zornigen vom Zorn zu befreien, einen Einsamen aus der Einsamkeit herauszuholen, das erfordert viel Zeit.

Mutter Teresa

15. OKTOBER
Mit dem Herzen denken

Der Kluge denkt nicht allein mit dem Verstand, sondern
mit dem Herzen. Er ergreift beherzt die Gelegenheit, die
sich ihm bietet. Und er sieht die feinen Unterschiede, die
manchem groben Geist verborgen bleiben. Klugheit ist
die praktische Vernunft, die das Wissen umsetzt in ein
Tun, das der Wirklichkeit angemessen ist. So hilft das
Vielwissen wenig, wenn du nicht erkennst, was jetzt in
diesem Augenblick richtig ist.

Anselm Grün

16. OKTOBER
Tue das Gute

Ein guter Vater erzog seinen Sohn so vollkommen wie
möglich. Eines Tages gingen sie gemeinsam zur Kirche,
und der Vater gab ihm zwei Münzen, ein Einmarkstück
und ein Fünfmarkstück. Der Vater stellte dem Jungen frei,
welche Münze er in den Klingelbeutel werfe. Er war überzeugt, dass der Junge das Fünfmarkstück weggeben
würde, weil er ihm das Teilen beigebracht habe. Der
Junge gestand aber nach dem Gottesdienst, das Fünfmarkstück behalten zu haben. Der Vater war enttäuscht
und sagte ihm: «Aber ich habe es dich anders gelehrt.»
«Nein», sagte der Junge, «du hast mir gesagt, einen freu-
digen Geber liebt Gott. Das Einmarkstück habe ich gern
gegeben». Wir können schlecht genießen und froh sein.
Wir geben vieles mit schlechtem Gewissen und Schuldge-
fühlen. Schuldgefühle aber sind immer falsch. Sie wollen

mich fertigmachen … Das Gewissen macht mich nie fertig. Es fragt vorsichtig an: «Willst du? Kannst du das nicht lassen?» Vor allem ist ein Gewissen von Grund auf weit: «Tue das Gute und nicht immer schon das Beste, was du ohnehin nie erreichen würdest.» Der Junge hatte recht mit seiner Mark.

Matthias Utters

17. OKTOBER
Der gute Eifer

Wer sich im geistlichen Leben an Ordnung hält, geht mit Eifer daran, das einmal Festgesetzte auszuführen; er würde sich schämen, es aus Trägheit zu unterlassen. Daher pflegen eifrige Seelen für bestimmte Zeiten und Stunden sich an gewisse Übungen zu binden. Und das ist sehr nützlich, um nicht im Eifer nachzulassen und zu erkalten. Gern legen sie sich solche Beschränkung auf; ihre Treue in der Einhaltung wetteifert mit dem glühenden Verlangen nach Fortschritt. Und wie nach der Lehre des Heiligen aus der Vernachlässigung Lauheit, Kälte und Überdruss entsteht, so erwächst aus ihrer beständigen eifrigen Pflege eine friedlich-heitere Seelenstimmung, oft als bleibender Zustand, stets voll Freude und Trost.

Garcia de Cisneros

18. OKTOBER
Im Gebet

Beim Beten in der Nacht war ich in großem inneren Frieden, in Freude und zu Tränen gerührt. Ich bekam eine tiefe Einsicht in die göttlichen Vollkommenheiten, insbesondere in die unendliche Güte Gottes. Dann verbrachte ich den restlichen Tag begraben in Trostlosigkeit, beunruhigt von außen durch Gedanken über die Zukunft, die vom Dämon verursacht waren. Das Wort «von außen» verstehe ich folgendermaßen: Diese Gedanken kommen so, wie wenn das Wasser des Meeres durch Stürme aufgewühlt ist. Der Wind bläht es auf und verursacht große Wellen. Wenn die Wellen an die Klippen gelangen, dann brausen sie dagegen, und es scheint, als ob sie sie zertrümmern und ganz und gar zerstören wollten. Aber dies ist nicht so. Sie brausen zwar gegen sie, aber sie treffen nur die Oberfläche und zertrümmern den Fels nicht. Es kann höchstens sein, dass sie die äußere, lockere Schicht wegspülen; aber dann besteht, wegen der Härte des Gesteins, keine Gefahr, dass sie die Wellen – wie groß sie auch seien – zum Bersten bringen. So ergeht es der Seele, wenn sie im Gebet ist. Sie ist in diesem Fall eine solche Klippe; weil sie Gott in seiner unendlichen Liebe hält, deshalb kann man sie einen Fels der Festigkeit nennen – eine Festigkeit, die Gott ihr gibt.

Paul vom Kreuz

Die Stille schützen

Der Mensch spannt Telefondrähte
quer durch die ganze Stadt
und gibt keine Ruhe,
ehe er nicht die ganze Welt
in Rufweite hat.
Das Radio,
das keiner Drähte bedarf,
reizt und spornt zu noch mehr Geschwätz.

Wo bleiben die Erfinder?
Wir brauchen dringend Erfindungen,
die zu Stille verhelfen,
sie schützen,
sie retten.

Hélder Câmara

Ausdruck des Herzens

Musik ist für mich ein Ausdruck des Herzens, wo die
Sprache nicht mehr reicht. Sie ist ein Ausdruck von Stim-
mungen wie Freude, auch vielleicht mal Trauer. Und es ist
eine internationale Sprache, die überall verstanden wird.

Notker Wolf

21. OKTOBER
Zum geistlichen Nutzen

Nicht selten sind einfache Seelen weit mehr vom Geiste
der Andacht und Frömmigkeit durchdrungen als große
Gelehrte, welche in der Heiligen Schrift und den Kirchen-
vätern nur zu rein wissenschaftlichen Zwecken forschen,
nicht aber zum Nutzen für ihre Seele.

Bernhard van Ackern

22. OKTOBER
Gesundes Augenmaß

Da hält einer eine Predigt mit der Absicht, den Seelen zu
nützen, doch ist er nicht so frei von menschlichen Rücksichten, als dass er nicht doch noch einen kleinen An-
spruch hätte, Gefallen zu erwecken, sei es, um Prestige
und Ansehen zu gewinnen oder weil er darauf aus ist,
einen Domherrenposten zu bekommen, weil er so gut
predigt. So läuft das bei vielen anderen Dingen ab, die
zum Nutzen der Mitmenschen getan werden und mit
guter Absicht, doch mit großer Vorsicht, um durch sie ja
nichts zu verlieren noch jemand zu verschnupfen. Sie
haben Angst vor Verfolgung und wollen es sich mit den
Königen und Herren und dem Volk nicht verderben und
gehen deshalb mit Augenmaß heran, das die Welt so in
Ehren hält. Dadurch werden viele Unvollkommenheiten
zugedeckt, denn man nennt es gesundes Augenmaß, und
gebe der Herr, dass es so sei.

Teresa von Ávila

23. OKTOBER
Nächstenhilfe

Wer seinem Nächsten zu Hilfe kommt in seinem Leid, sei es geistlich oder weltlich, dieser Mensch hat mehr getan als derjenige, der von Köln bis Rom bei jedem Meilenstein ein Münster errichtet.

Albertus Magnus

24. OKTOBER
Rat einholen

Sooft etwas Wichtiges im Kloster zu behandeln ist, soll der Abt die ganze Gemeinschaft zusammenrufen und selbst darlegen, worum es geht. Er soll den Rat der Brüder anhören und dann mit sich selbst zu Rate gehen. Was er für zuträglicher hält, das tue er. Dass aber alle zur Beratung zu rufen seien, haben wir deshalb gesagt, weil der Herr oft einem Jüngeren offenbart, was das Bessere ist. Die Brüder sollen jedoch in aller Demut und Unterordnung ihren Rat geben. Sie sollen nicht anmaßend und hartnäckig ihre eigenen Ansichten verteidigen. Vielmehr liegt die Entscheidung im Ermessen des Abts: Was er für heilsamer hält, darin sollen ihm alle gehorchen. Wie es jedoch den Jüngeren zukommt, dem Meister zu gehorchen, muss er seinerseits alles vorausschauend und gerecht ordnen.

Benedikt von Nursia

25. OKTOBER
Zur Sprache bringen

Wer einem Oberen eine Sache unterbreiten will, trage sie erst in reiflicher Überlegung mit sich selbst herum und bespreche sie mit andern, je nach der Wichtigkeit. In unbedeutenden oder eiligen Dingen, wo die Zeit zu langer Besprechung oder Überlegung fehlt, bleibt es natürlich der Klugheit des Einzelnen überlassen, ob er auch ohne diese Vorbereitung die Sache unterbreiten soll.

Ignatius von Loyola

26. OKTOBER
Der Mensch – ein Widerspruch

Ich meine, auch den Weisen dieser Welt ist nicht verborgen geblieben, welch eine Zusammenhanglosigkeit im Menschen Zusammenhang hat, und so haben sie den Menschen definiert als ein vernunftbegabtes, sterbliches Lebewesen. Das ist eine merkwürdige Verbindung von Vernunft und Tod, eine seltsame Gemeinschaft von Begabung und Verfall. Und so finden wir keine geringere, sondern eine noch stärkere und größere Widersprüchlichkeit im Gebaren, in den Affekten, in den Bemühungen des Menschen. Schau dir einmal die ganze Verdrehtheit des Menschen für sich genommen an, und dann betrachte umgekehrt, was alles an Gutem in ihm steckt: Du musst es als reines Wunder ansehen, dass derart gegensätzliche Dinge zusammen sein können.

Bernhard von Clairvaux

27. OKTOBER
Lebenserfahrung

Für einen Menschen, der in der Sammlung und Vollkommenheit vorankommen möchte, ist es sehr angebracht, darauf zu schauen, in wessen Hände er sich begibt, denn wie der Meister, so wird auch der Schüler sein, und wie der Vater, so der Sohn. Und man beachte, dass man für diesen Weg, zumindest für die höchste Wegstrecke und sogar für die mittlere, kaum einen unter allen dafür notwendigen Rücksichten fähigen Führer finden wird, denn außer weise und klug muss er auch erfahren sein.

Johannes vom Kreuz

28. OKTOBER
Mitgefühl haben

Die Christen, die doch Glieder ein und desselben Leibes sind und Glieder untereinander. Wie kann man Christ sein und seinen Bruder im Unglück sehen, ohne mit ihm zu weinen und mit ihm zu leiden? Das hieße ohne Liebe sein; das hieße ein Scheinchrist sein, keine Menschlichkeit besitzen, schlechter sein als ein wildes Tier. Es ist die Liebe, die bewirkt, dass wir niemand leiden sehen können, ohne mit ihm zu leiden. Die Liebe öffnet dem einen das Herz des andern und lässt ihn spüren, was der andere empfindet.

Vinzenz von Paul

29. OKTOBER
Innerer Friede

Du darfst auf keinen Fall deinen inneren Frieden verlieren, auch dann nicht, wenn die ganze Welt aus den Fugen zu geraten scheint.

Franz von Sales

30. OKTOBER
Wunder der Natur

Es gibt Stunden, in denen die Natur wie neu hervorzugehen scheint. Heute war es so. Am Vormittag hatte es geregnet, und es war mir leicht geworden, bei den Büchern zu bleiben. Am Nachmittag stand alles in reiner Klarheit. Die Bäume waren leuchtend grün, und so oft der Blick vom Papier weg auf ihre Gestalten fiel, traten sie schimmernder hervor. Dann kam sacht der Abend. Ich ging in den Garten und setzte mich nieder. Im Osten lag, lang und schmal, eine dunkle Wolkenbank in ganz reinem Himmel. An ihren beiden Enden erhob sich weiß Geballtes, und daran geschah ein freundliches Wunder. Sein Weiß wandelte sich in zartes, goldenes Rot. Das wurde immer leuchtender. Immer reichere Fülle schwellte die Gestalten.

Romano Guardini

31. OKTOBER
Ist der Regen nicht herrlich?

Heute Morgen haben Jay und ich Bruder Elias besucht. Die Natur war noch im Erwachen. Die Wolken hingen schwer am Himmel, und die Pfade waren mit bunten Blättern übersät, die der heftige Regen von den Zweigen gerissen hatte. Voll Freude und mit einer Art himmlischer Erregung hieß uns Elias in seiner Eremitage willkommen. Nach einem kurzen stillen Gebet vor dem Altar seiner Kapelle unterhielten wir uns miteinander. Elias' Augen leuchteten so von der Erfahrung, über die er sprach … «Der Herr ist so gut, so gut zu mir», sagte er wiederholt, und dann sprach er über die Sonne, über die Wolken, den Regen und den Wind, über den Weizen und die Pflanzen, über die Hitze und die Kälte; all das seien große Geschenke Gottes an Elias, um ihn in einen engen, vertrauteren Kontakt zu ihm zu bringen. Ganz natürlich verfiel er bald in Lachen, bald in Lächeln, war bald voll Zärtlichkeit, bald voll unerschütterlicher Überzeugungskraft, verriet bald eine Beobachtungsgabe, die zeigte, dass er mit beiden Füßen auf der Erde stand, und verfiel bald in ekstatisches Sprechen … «Ist der Regen nicht herrlich?», sagte er, «Warum leisten wir dem Regen ständig Widerstand? Warum wollen wir immer nur Sonne, wo wir doch bereit sein sollen, uns vom Regen durchnässen zu lassen. Der Herr will uns mit seiner Liebe und Gnade durchtränken. Ist es nicht wunderbar, dass wir den Herrn auf so vielfältige Weise erfahren können und ihn so immer besser erkennen? Er lässt uns seine Gegenwart erfahren in allem, was uns umgibt.»
Henri Nouwen

November
Quellen der Freude

1. NOVEMBER
Quelle der Freude

Es gibt Dinge im Leben, die niemals sterben und immer eine Quelle der Freude für uns sein werden, solange wir sie pflegen. Sie werden uns immer begleiten, ganz gleich, wie schwer unser Leben auch sein mag, und mit welchen Dingen wir es zubringen. «Zwei gepresste Blumen», die Schönheit ihrer Blüten, die Erinnerung an gute Tage, bleiben in unserem Gedächtnis und in unserem Herzen, auch wenn ein schönes Ereignis schon längst vorbei ist. Die Schönheit pflanzt Samen der Hoffnung in uns. Sie erinnert uns an eine Zeit, die unschuldig war und gut. Sie bringt uns in Berührung mit dem Natürlichen. Die Schönheit führt uns vor Augen, dass dieser Moment, ganz gleich, ob wir ihn wollen oder nicht, wichtig für unser Wachstum ist und seine Blüten irgendwann in eine Richtung recken wird, die wir jetzt noch nicht erahnen können.

Joan Chittister

2. NOVEMBER
Leben lernen

Kürzlich war ich bei einer 80-Jährigen eingeladen. Sie ist noch fit, gut auf den Beinen und allseits gern gesehen. Wo immer möglich, ist sie zum Helfen bereit. Pflegt 70-Jährige, die weniger mobil sind. Macht Besorgungen für Kranke … Im Laufe des Abends verriet sie mir ihr Geheimrezept: Für andere da sein! An sich selbst zuletzt denken! Sich nicht gehen lassen! Dann, während wir so dahinphilosophierten, deutet sie plötzlich auf das Ölgemälde einer alten Dame mit streng gescheitelten schwarzen Haaren und dunklen Kleidern. Meine Großmutter, sagte sie; ihr verdanke ich viel. Als kleines Mädchen war ich gern bei ihr. Ich konnte kommen und gehen, wann immer ich wollte. Es war ihr nie zu viel. Zwei Dinge legte sie mir in ihren alten Tagen nahe – sie wurde übrigens 91 Jahre alt! –, nämlich: Man ist erstens nie zu alt, um noch etwas dazuzulernen. Und zweitens: Je älter man wird, umso mehr muss man auf sein Äußeres achten, um so sorgfältiger muss man sich kleiden! … Die 80-Jährige lebt nicht aufwendig. Eher einfach, aber bewusst. Sie hat zu leben gelernt, auf harte und mühsame Weise, wie wohl die meisten Menschen auch. Sie betrachtet das Leben als eine Herausforderung.

Adalbert Ludwig Balling

3. NOVEMBER
Zum vergangenen Tag stehen

Am Ende des Tages stehe ich bewusst zu diesem Tag. Voll Dankbarkeit spüre ich das Lustvolle und Angenehme dieses Tages – und ich versuche auch, zu dem zu stehen, was ich mir anders gewünscht hätte, wo ich unzufrieden bin mit mir und anderen. Ich stehe zwischen Erde und Himmel, und in einer tiefen Verneigung drücke ich meine Sehnsucht aus, diesen Tag loszulassen, hinter mir zu lassen, Gott zu überlassen.

Pierre Stutz

4. NOVEMBER
Dank sagen

Eine der schönsten Lehren der unter den einfachsten Menschen Brasiliens verbrachten Jahre ist ihre Fähigkeit, für die kleinsten Dinge zu danken. Wir in unserem übersättigten Europa sind ständig am Klagen. Wollten wir zu einem Gleichnis greifen, so könnte man einen Mann nehmen, der ein Auto hat. Bei diesem Auto funktioniert lediglich der Scheibenwischer nicht so recht. Da denkt dieser Mann nur noch an seinen Scheibenwischer wie Jona an seine Rizinusstaude! Er fragt sich, wie es heutzutage möglich sein kann, einen nicht richtig funktionierenden Scheibenwischer zu haben. Der Arme in Brasilien aber, der weder einen Wagen noch sonst etwas hat, betrachtet den Scheibenwischer und sagt sich: «Ist trotzdem ein schönes Ding, sieht so hübsch aus» – und er ist glücklich, diesen Scheibenwischer betrachten zu können.

Jacques Loew

5. NOVEMBER
Das Leben vereinfachen

Im materiellen Bereich müssen wir unsere Aufmerksamkeit darauf richten, die Mittel unserer Existenz und unserer Arbeit ruhig und dauerhaft zu überprüfen mit dem Ziel, alles, was nicht wesentlich ist und uns also nur behindern würde, im selben Maß auszuscheiden.

Frère Roger, Taizé

6. NOVEMBER
Frei von Besitz

Auf keinen Fall sollen die Schwestern etwas für sich persönlich haben, noch werde ihnen das zugestanden, weder beim Essen noch bei der Kleidung. Auch sollen sie mit Ausnahme derer, die die Ämter in der Kommunität versehen, weder Kasten noch Kästchen, weder Schublade noch Schrank und nichts für sich persönlich haben, vielmehr sei ihnen alles gemeinsam. Das ist ganz wichtig, denn durch kleine Dinge kann der Böse allmählich eine Erschlaffung in der Vollkommenheit der Armut herbeiführen.

Teresa von Ávila

7. NOVEMBER
Bejahung des Lebens

Diese Wahrheit wird uns nie klar werden, solange jeder Einzelne von uns sich anmaßt, der Mittelpunkt der Welt zu sein. Wir sind nicht für uns allein da, und erst wenn wir hiervon völlig überzeugt sind, fangen wir an, uns selber richtig zu lieben und damit andere zu lieben. Was meine ich mit sich selbst richtig lieben? Vor allem meine ich den Wunsch zu leben, die Bejahung des Lebens als großes Geschenk und großes Gut, nicht wegen der Dinge, die es uns gibt, vielmehr wegen derer, die anderen zu geben es uns ermöglicht.

Thomas Merton

8. NOVEMBER
Einen Ruheplatz finden

Wer ist ärmer im Geist als der, welcher in seinem ganzen Geist keinen Ruheplatz findet, keinen Ort, wohin er sein Haupt legen könnte? Aber macht denn diese Armut den Menschen glücklich? Nein, nicht sie macht glücklich, sondern das Mit-Leid, zu dem uns diese Armut aufrütteln kann. Nützlich ist diese Krankheit nur, wenn sie uns zur Einsicht führt, dass wir der Hand eines Arztes bedürfen.

Bernhard von Clairvaux

9. NOVEMBER
Mit Mut voran

Wer sich auf den Weg macht, wird nur wenig Weg zurücklegen und noch dazu unter Mühsal, wenn er auf diesem Weg nicht gute Füße hat, Mut und einen mutigen Dickkopf.

Johannes vom Kreuz

10. NOVEMBER
Vertrauen

Das Vertrauen gleicht einer ausgestreckten Hand, die deinem Nächsten bedeutet, dass er nicht allein ist auf Erden.

Katharina von Siena

11. NOVEMBER
Ruhiger Geist

Wir müssen versuchen, den Geist in Ruhe zu halten. Ein Auge, das immerfort herumschweift, bald seitwärts sich wendet, oft bald aufwärts, bald abwärts sich dreht, kann einen bestimmten Gegenstand nicht genau sehen. Vielmehr muss man den Blick auf das Sehobjekt heften, wenn man von ihm eine genaue Ansicht bekommen will. So kann auch der menschliche Geist, von tausend weltlichen Sorgen beschwert, unmöglich in die Wahrheit scharf eindringen.

Basilius der Große

12. NOVEMBER
Ein heiterer Mensch

Einem heiteren Menschen kann man keine Angst einjagen. Er ruht in sich. Und so kann ihn nichts umwerfen. Wenn du mit einem so heiteren Menschen sprichst, dann kann sich auch dein Inneres aufheitern, dann siehst du auf einmal dein eigenes Leben und deine Umgebung mit anderen Augen. Es tut gut, in der Nähe eines heiteren Menschen zu sein.

Anselm Grün

13. NOVEMBER
Das goldene Zeitalter

Es gibt ein goldenes Zeitalter: die Jahre der Kindheit, der Unwissenheit: Sobald man weiß, dass man sterben wird, ist die Kindheit vorbei. Wie ich schon sagte, für mich war sie sehr früh vorbei. Nachher, glaube ich, vergessen die meisten Menschen, was sie begriffen haben, und finden eine Art zweiter Kindheit wieder.

Jacques Loew

14. NOVEMBER
Der gehütete Baum

Wer allein bleiben will, ohne sich auf einen Lehrer und Führer zu stützen, wird wie ein Baum sein, der allein und ohne Besitzer auf dem Feld steht: So viele Früchte er auch tragen mag, die Vorübergehenden werden sie abpflücken, und er wird nicht zur Reife gelangen. Ein gepflegter und gehüteter Baum trägt durch die gute Sorge seines Besitzers seine Früchte zur rechten Zeit, wie man es von ihm erwartet.

Johannes vom Kreuz

15. NOVEMBER
Seelenleben

In der Wohnstätte des Herzens ist die Weisheit der Seele zu Hause, mit der sie alles berechnet und verfügt, wie ein Hausvater in seinem Haus alle seine Angelegenheiten ordnet; und daher besitzt sie auch die Klugheit, mit der sie für ihr Gefäß «den Leib» alles Nützliche richtig bestimmt.

Hildegard von Bingen

16. NOVEMBER
Alles ist gut

Heiterkeit ist nicht einfach nur eine Charaktereigenschaft, mit der man geboren wird. Sie entsteht durch ein großes Vertrauen, dass man so, wie man ist, bedingungslos angenommen ist, dass alles letztlich gut ist. Und sie entsteht durch den Mut, die eigene Wahrheit anzuschauen.

Anselm Grün

17. NOVEMBER
Geschenktes Glück

Unbeschreiblich ist das Glück
und hat viele Namen.
Es wird uns geschenkt
in der Freude, im Frieden und in der Liebe.

Wir erfahren es
im Vergnügen eines gesunden Leibes,
im Besitz der geistigen Kräfte,
in der Lust am Schaffen,
in der Beherrschung der Technik,
in jeder Schönheit und
in der Seligkeit des Herzens.

Wir durchlieben und durchleiden Glück
an allen Kreuzungen unseres Weges,
wo unser Tun gelingt.
Nicht oft geraten wir in das Kraftfeld
dieser seligen Augenblicke.
Aber es gehört zum Menschen
wie das Licht zum Leben.
Wer auf Glück verzichtet,
verzichtet auf sich selbst!

Hermann Gilhaus

18. NOVEMBER
Die Aufnahme der Gäste

Alle Fremden, die kommen, sollen aufgenommen werden
wie Christus; denn er wird sagen: «Ich war fremd, und
ihr habt mich aufgenommen.» Allen erweise man die an-
gemessene Ehre, besonders den Brüdern im Glauben und
den Pilgern.

Benedikt von Nursia

213

19. NOVEMBER
Überraschung des Augenblicks

Kein Mensch kann nur dadurch leben, letztlich damit zufrieden sein, dass alle Vorgänge und Abläufe seiner Arbeit gut «funktionieren». Ohne Spontaneität, ohne die unkalkulierbare Überraschung des Augenblicks, wäre unser Leben tatsächlich nur wie das Ablaufen eines aufgezogenen Automaten. Über die Funktion einer Handlung hinaus gibt es auch das Zeichenhafte in unserem Tun, etwas, das den Weg weist. Und oft hängt dies einfach mit unserem Menschsein zusammen.

Josef Bill

20. NOVEMBER
Der Horizont des Karmels

Genießt den Anblick eurer schönen Heimat, die Betrachtung der Natur führt zu Gott empor. Oh, wie habe ich sie geliebt, jene Berge! Sie redeten mir ja von Ihm. Aber seht, meine Lieben, der Horizont des Karmel ist viel, viel schöner, denn er heißt Unendlichkeit. In Gott besitze ich alle Täler, Seen, alle herrlichen Aussichten. Dankt Ihm dafür jeden Tag in meinem Namen. Mein Anteil ist zu schön, und mein Herz fließt über von Dankbarkeit und Liebe.

Elisabeth von Dijon

21. NOVEMBER
Tu etwas für dein Gesicht

Vergiss nicht, dass dein Gesicht für andere bestimmt ist,
dass andere es anschauen müssen, und dass nichts so auf
die Nerven geht wie ein chronisch schlecht gelauntes
Gesicht. Tu etwas für dein Gesicht. Nicht nur deinetwegen, um dich selbst im Spiegel schön zu finden, sondern
vor allem wegen der anderen. Die beste Gesichtspflege
heißt nicht: Hautcreme einreiben, Augenbrauen nachzie-
hen, Wimperntusche auftragen, Lidschatten anbringen.
Tu etwas für dein Gesicht nach innen. Lass deine Güte
durchscheinen, lege Fröhlichkeit in deine Augen, ent-
spanne deinen Mund zu einem Lächeln.

Phil Bosmans

22. NOVEMBER
Achtung wahrnehmen

Tatsächlich ist es eine kleine Demütigung, wenn man
ganz seine Pflicht erfüllt und nicht die Anerkennung findet, die man verdient. Und dies gilt nicht nur vom Verhalten der Oberen gegen uns, sondern auch von dem
unserer ganzen Umgebung. Es freut uns, wenn wir eine
gewisse Achtung rings um uns wahrnehmen, die nicht in
Worten ausgesprochen wird, sich aber auf mancherlei
kleine Weisen äußert.

Gabriel a S. Maria Magdalena

23. NOVEMBER
Wünsche

Freude überstrahle deine Tage,
und Licht erhelle deine Nächte.
Frieden erfülle deine Stunden,
und Glück durchdringe deine Erinnerung.
Gerechtigkeit erbringe dir Lebensfülle,
und Hoffnung erleichtere deine Kreuze.
Gutes erwecke in dir Stärke,
und Segen begleite deine Minuten.

Hermann Gilhaus

24. NOVEMBER
Wirkung der Emotionen

Träne und Freude haben doch nicht denselben Entstehungsgrund. Tränen gibt es doch gewöhnlich, wenn ein unvorhergesehenes Ereignis wie ein Schlag die Seele trifft und entmutigt, und wenn der Atem um das Herz zusammengepresst wird; die Freude ist aber gleichsam ein Aufhüpfen der Seele, wenn sie über Gelungenes jubelt. Daher sind auch die Symptome am Körper jeweils verschieden: Die Traurigen bieten eine blasse, bleifarbene und kalte Erscheinung; die Fröhlichen aber haben ein blühendes, rotwangiges Aussehen, da die Seele geradezu aufhüpft und vor Wonne nach außen drängt.

Basilius der Große

25. NOVEMBER
Reich in der Armut

Ich ritt auf einem Kamel den Weg von Geriville nach El Abiod und wollte in ein Wüstengebiet, um dort einige Tage in der Einsamkeit zu verbringen. Unterwegs traf ich auf eine Gruppe von Arbeitern. Etwa fünfzig Eingeborene, an der Spitze ein Pionieroffizier, quälten sich ab, die durch Winterregen beschädigte Straße zu reparieren. Unter der Sonne der Sahara, ohne Maschinen, ohne Technik – nur noch die Quälerei des Menschen, der den ganzen Tag in Hitze und Staub mit Schaufel und Hacke hantiert. Ich gehe zu den Arbeitern, die an verschiedene Stellen der Straße verteilt sind. Wir grüßen uns. Meine «gherba» mit dreißig Litern Wasser, das ist etwas Gutes für ihren Durst. Auf einmal sehe ich, wie aus einem der Gesichter, die sich dem Hals meiner «gherba» entgegenrecken, ein Lachen hervorbricht, ein Lachen, das ich niemals vergessen werde. Arm, verschwitzt, dreckig, erschöpft: Bruder Paul, ein Kleiner Bruder, der sich diesen Bautrupp ausgesucht hat, um hierin wie der Sauerteig des Evangeliums aufzugehen. Keiner hätte hinter diesen Kleidern, hinter diesem Bart und diesem durch Staub und Sonne vergilbten Turban den Europäer entdeckt. Ich kannte Bruder Paul gut, denn wir haben zusammen das Noviziat gemacht. Er war Ingenieur, stammte aus Paris und gehörte zu einer der Kommissionen, die an der Entwicklung der Atombombe arbeiteten, als er den Ruf des Herrn hörte. Er verließ alles und wurde Kleiner Bruder. Jetzt war er hier. Niemand wusste, dass er Ingenieur war. Arm wie die andern.

Carlo Carretto

26. NOVEMBER
Schenken

Dein Schenken erfreue die Herzen,
und dein Lächeln verbinde Menschen.
Dein Vertrauen stütze gebrochene Kräfte,
und deine Hand ergreife Hilflose.
Deine Geduld stärke Kranke,
und dein Glaube überzeuge Zweifelnde.
Freunde aber mögen dir zu all dem gute Wege zeigen
und deinem Leben Dankbarkeit.

Hermann Gilhaus

27. NOVEMBER
Wert des Alters

Im holländischen Katechismus fand ich die folgenden
Sätze: «Der Lebensabend stellt eine große menschliche
Aufgabe. Er fordert die letzte Reifung des Menschen. Der
alte Mensch kann manchmal gerade durch sein Alter
jeden Fanatismus, jede Einengung durchbrechen, um in
allen Dingen das Tiefe und Verbindliche, eben das
Menschliche zu erkennen.» Schöner kann man den Wert
des Alters und das Sinnvolle des Altseins kaum umschrei-
ben. Alt sein an sich ist kein Verdienst, wenn es nur die
Jahre sind, die gezählt werden. Aber alt sein kann für den
Menschen sehr viel bedeuten, wenn er das Alter an-
nimmt, wenn er es mit Sinn erfüllt; wenn Alter menschliche Reife beinhaltet und menschliche Wärme ausstrahlt.

Adalbert Ludwig Balling

28. NOVEMBER
Güte

Keine Erde ist so dürr, dass sie nicht durch Güte fruchtbar wird.

Franz von Sales

29. NOVEMBER
Wer Neues wagt, zeigt Mut

Gewiss, es ist notwendig, dass man sich in seinem Beruf bemüht, fehlerfrei zu arbeiten. Aber es zeigt sich oft auch, dass diejenigen, die absolut keine Fehler begehen wollen, nie etwas Neues schaffen. Wer Neues wagen will, macht auch Fehler.

Anselm Grün

30. NOVEMBER
Innere Antriebe

Der erste der inneren Antriebe des Menschen und der Neigungen des Empfindungsvermögens ist die Freude, Freude ist nichts anderes ist als Zufriedenstellung des Empfindungsvermögens mit der Wertschätzung einer Sache, die es für angemessen hält, denn das Empfindungsvermögen freut sich nur, wenn ihm die Sache Wertschätzung verursacht und Zufriedenheit gibt.

Johannes vom Kreuz

Dezember
Was bleibt – in Dankbarkeit

Advent 1950 –
aus der Gefangenschaft

Aus Abgrundtiefen rufen wir:
Herr, höre unser Flehen!
Lass uns in Kerkernöten hier
doch nicht zugrunde gehen …

Der Wintersonne strahlend Licht
brennt unser Aug' wie Feuer,
und durch den Türspalt blinzeln wir
wie Eulen im Gemäuer …

Kraftlos und siech dir jeden Tag
wir unser Leben weihen,
da namenlose Gräber sich
längs unseres Weges reihen.

Advent ist, dunkelster Advent,
Advent der Weltgeschichte!
Oh Schlüssel Davids komm!
Komm, führe uns zum Lichte!
Gertrud Link

2. DEZEMBER
Herausforderung

Ein böser Mann ärgerte sich über eine junge schöne Palme. Um ihr zu schaden, legt er ihr einen großen Stein in die Krone. Doch als er nach Jahren vorbeikommt, ist die Palme größer und schöner geworden als alle anderen rings herum. Der Stein zwang sie, ihre Wurzeln tiefer in die Erde zu graben. Und so konnte sie auch höher emporwachsen. Der Stein wurde zur Herausforderung für sie.
Anselm Grün

3. DEZEMBER
Anstoß geben

Ich habe mich längst damit abgefunden, dass ich immer sehr unwissend bleiben werde, und dass auch alles, was ich noch arbeiten kann, weit mehr Bruchstück sein wird, als alles Menschenwerk an sich schon sein muss. Ich hoffe nur, dass ich einen Anstoß geben kann in einer Richtung, in der man doch gehen muss, und dass es andere dann besser machen werden.
Edith Stein

4. DEZEMBER
Tiefes Verlangen

Du weißt, dass die Erfüllung deines brennenden Wunsches nach aufrichtiger, enger Freundschaft, Anteil nehmendem, seelsorgerlichem Dienst und schöpferischer Arbeit dir nicht das gibt, was du wirklich möchtest. Es ist für dich eine neue Erfahrung, den Wunsch wie seine Unerfüllbarkeit zu empfinden. Du merkst, dass nichts außer Gottes Liebe deinem tiefsten Verlangen entsprechen kann, während es dich weiter mit aller Kraft zu anderen Menschen und Dingen zieht. Es ist, als würden in dir Friede und Unruhe nebeneinander herrschen, als würdest du Ablenkung, zugleich aber Gebet und Konzentration suchen. Vertrau auf die Klarheit, mit der du siehst, was du tun musst. Der Gedanke, dass du vielleicht auf Freunde, intensive Arbeit, Zeitungen und anregende Lektüre verzichten musst, braucht dich nicht mehr zu erschrecken. Du musst keine Angst mehr davor haben, was andere denken, sagen oder tun. Nicht einmal der Gedanke, du könntest bald vergessen sein und alle Verbindung zur Welt verlieren, beunruhigt dich.

Henri Nouwen

5. DEZEMBER
Vollkommene Freiheit

Jene, die sich von der Liebe zu den irdischen Gütern, von der Begierde nach Vergnügen und von ihrem eigenen Willen loslösen, werden Kinder Gottes, die sich einer vollkommenen Freiheit erfreuen … Diese Menschen, meine Brüder, sind frei. Sie haben kein Gewicht mehr, sie fliegen, sie gehen nach rechts und nach links, sie fliegen wie im Schuss, nichts kann sie zurückhalten …

Louise de Marillac

6. DEZEMBER
Was zählt

Wenn wir zurückblicken und uns fragen, was wir in unserem Leben erreicht haben, und wofür wir unser Herzblut gegeben haben, sehen wir dann eine Auflistung unserer Besitztümer und unserer Titel? Oder gibt es dort vielleicht einen Hungernden, einen Obdachlosen, einen Kranken, einen spirituell Verlorenen oder einen Einsamen, der sagen kann, dass sein Leben um vieles ärmer gewesen wäre, wenn wir nicht gelebt hätten? Dass wir erfolgreich sein können, steht außer Zweifel. Die Frage ist jedoch: erfolgreich worin? Am Ende wird nicht zählen, *was* wir tun. Was zählt, ist, *wie* wir die Dinge tun, die zu tun sind.

Joan Chittister

7. DEZEMBER
Abendskizzen

Wenn es Nacht wird, verschwinden die Einzelheiten, und die plastische Macht tritt aus den Dingen hervor. Ihre aufgebaute Gestalt allein wird deutlich. Die Stämme ragen auf; dunkel und tragend. Auf ihren Stützen lastend, formen sich die Kronen heraus. Pappeln steigen, schlank gerafft, vielfach durchklüftet. Tannen heben sich, spitz emporgeschichtet, wie Pyramiden zum Boden. Platanen stehen mit aufgelöstem Gezweig gegen den lichten Himmel, die Blätter einzeln sichtbar wie feines Hämmerwerk.

Romano Guardini

8. DEZEMBER
Flüchtige Besitztümer

Wenn einer in diesem Leben Nachtwachen, Mühen und ängstliche Sorgen aussteht, um seine Stellung, sein Vermögen, seine Einkünfte zu erhöhen und sich hienieden einen Namen und ein langes Andenken zu hinterlassen – nun es ist nicht meine Sache, über ihn abzuurteilen; aber loben kann ich ihn nicht. Sollten wir doch nach des Apostels Wort «die Dinge gebrauchen, als ob wir sie nicht gebrauchten», sie besitzen, als ob wir sie nicht besäßen, und selbst die Gattin zu eigen haben, als hätten wir sie nicht; denn überaus flüchtig ist diese sinnenfällige Welt.

Ignatius von Loyola

9. DEZEMBER
Der fröhliche Greis

Der weise Pacaric traf eines Tages einen Greis, der sah frisch aus wie ein junger Mann, hatte eine kräftige Stimme und war immer heiter. Pacaric fragte ihn:

«Sage mir doch, würdiger Greis, wie kommt es, dass du nicht schlecht gelaunt und grüblerisch bist, wie sonst die Männer in deinem Alter? Was hält dir denn Körper und Seele so gesund?» «Das, was ich denke», belehrte ihn der Alte. «Ich bedenke, dass es Hungernde gibt, und ich habe nie hungern müssen; dass es Kranke gibt, und ich kenne Krankheit nicht, dass es Sklaven gibt, und ich bin ein freier Mann. Das alles erhält mir die Fröhlichkeit meiner Jugend.»

«Das mag wohl angehen», meinte Pacaric, «aber hast du denn auch bedacht, dass es Männer gibt, die viel mächtiger sind als du und noch glücklicher und noch weiser?» «Das ist ja gerade noch ein Grund mehr für mich, um fröhlich zu sein», erklärte heiter der Greis. «Wenn ich an diese Männer denke, bin ich voll Hoffnung, denn da sehe ich noch etwas vor mir, was ich noch werden kann.»

Der weise Pacaric verabschiedete sich: «Alter, in dir lebt die Weisheit in Menschengestalt.» Der Greis lächelte heiter.

Hermann Gilhaus

10. DEZEMBER
Sorgen ablegen

Lass deine Sorgen an der Schwelle des Schlafes zurück,
lass alle Bedenken zurück,
alle Bitterkeit,
allen Kummer,
damit du dich beim Aufwachen nicht so
müde wiederfindest,
als hättest du in den Kleidern geschlafen,
die Schuhe an den Füßen,
den Hut auf dem Kopf.
Hélder Câmara

11. DEZEMBER
Gedächtnis

Es gibt ein Gedächtnis, das hängt mit dem Kopf zusammen. Der eine behält leichter, der andere vergisst schneller. Und es gibt ein Gedächtnis, das hat viel tiefere Wurzeln. Die Wurzeln dieses Gedächtnisses sitzen im Herzen. Das Gedächtnis des Herzens heißt Dankbarkeit.
Phil Bosmans

12. DEZEMBER

Neuer Geschmack am Leben

Wer dankbar auf sein Leben blickt, der wird einverstanden sein mit dem, was ihm widerfahren ist. Er hört auf, gegen sich und sein Schicksal zu rebellieren. Er wird erkennen, dass täglich neu ein Engel in sein Leben tritt, um ihn vor Unheil zu schützen und ihm seine liebende und heilende Nähe zu vermitteln. Versuche es, mit dem Engel der Dankbarkeit durch die kommende Zeit zu gehen. Du wirst sehen, wie du alles in einem anderen Licht erkennst, wie dein Leben einen neuen Geschmack bekommt.

Anselm Grün

13. DEZEMBER

Dank am Abend

Ist der Tag vorüber, so danke dem, der uns die Sonne für das Tagewerk gegeben und das Feuer zur Erhellung der Nacht und zur Befriedigung der übrigen Lebensbedürfnisse verliehen hat! Die Nacht bietet weitere Anlässe zum Gebet! Schaust du zum Himmel empor und betrachtest die Schönheit der Sterne, so bete zum Herrn der sichtbaren Welten, bete an den großen Meister des Weltalls, der alles in Weisheit gemacht hat! Siehst du die ganze lebende Kreatur in Schlaf versenkt, so bete wieder den an, der auch wider unseren Willen durch den Schlaf unsere Arbeiten unterbricht und durch kurze Ruhe uns wieder zur vollen Kraft kommen lässt.

Basilius der Große

14. DEZEMBER
Unsere Wurzeln

In der Nähe eines kleinen Dorfes am Rhein entdeckte ich vor wenigen Wochen einen seltsamen Baum. Am Rande eines schmalen Weges stand er, einige Meter über mir an einem Steilhang, ein Baum von riesigen Ausmaßen. Regen und Wetter hatten das Erdreich zwischen seinen Wurzeln größtenteils herausgespült, das Geschlinge unzähliger Wurzelstränge lag bloß. Aber der Baum stürzte nicht um. Die Enden seiner Wurzeln reichten tief in die Erde hinunter, holten sich dort alle für das Wachsen und Reifen notwendigen Stoffe. Der Baum trug Blätter und blühte. Die Geschichte, die dieser Baum mir erzählte, ist die Geschichte, aus der ich selbst lebe. Vielleicht kann ich in seinem Bild ein Gleichnis entdecken: Wie ich leben kann aus meinem entfalteten Untergrund. Das scheint mir wichtig genug, weil jedes Gleichnis Wirklichkeit ist.

Josef Bill

15. DEZEMBER
Paradies der inneren Wonne

Halte das Paradies der inneren Wonne nicht für einen körperlichen Ort. Diesen Garten betritt man nicht mit den Füßen, sondern mit dem Herzen.

Bernhard von Clairvaux

16. DEZEMBER
Die Flamme des Lebens

Viele von uns fangen erst gar nicht an, ihr Bestes zu geben, solange keine Frist gesetzt wird, die eingehalten werden muss. Je näher ein Termin rückt, desto härter arbeiten wir, umso klarer sind unsere Gedanken, umso schneller schlägt unser Herz, umso konzentrierter sind unsere Kräfte. Stress kann offensichtlich sowohl eine nutzlose Last als auch ein wertvolles Geschenk sein. Wenn er uns körperlich auslaugt, haben wir für das, was wir tun sollen, nicht mehr genug Kraft. Wenn er uns emotional zermürbt, hat er negativen Einfluss auf unseren Umgang mit anderen Menschen und vergällt auch deren Leben. Wenn er uns psychisch auszehrt, verändert er unsere Reaktionen und benebelt unsere Sinne. Tatsache ist, dass Stress sowohl positiv als auch negativ sein kann. Am Ende kommt es darauf an, ob wir unser Leben leuchten lassen wie eine Flamme oder erlauben, dass es schnellstmöglich zu Asche herunterbrennt.

Joan Chittister

17. DEZEMBER
Vom guten Eifer

Wenn Benedikt neben dem guten Eifer auch den bösen und bitteren Eifer benennt, gibt er wohl eine Erfahrung wieder, die wir alle kennen. Mancher Eifer, manche zu große Beflissenheit und Geschäftigkeit kann uns auf die Nerven gehen. Wir sprechen vom blinden Eifer, der seine Ziele mit Gewalt erreichen will, der die Überzeugungen und Gefühle anderer nicht achtet, sondern verletzt. Es ist der Eifer des Fanatikers. Wenn Benedikt von diesem bitteren Eifer den guten Eifer absetzt, dann nennt er als Erstes, dass die Mönche «einander in gegenseitiger Achtung zuvorkommen, ihre körperlichen und charakterlichen Schwächen mit unerschöpflicher Geduld ertragen» sollen. Dieser Eifer erfährt und überfordert nicht die anderen, er bewährt sich gerade im Ertragen der Schwächen des anderen. Er sucht das Geheimnis Gottes im anderen zu sehen und zu achten.

Odilo Lechner

18. DEZEMBER
Die Vollkommenen

Die Vollkommenen haben ihre Leidenschaften ganz in der Gewalt, mit leichter Mühe halten sie sich auch von den ganz freiwilligen lässlichen Sünden frei. Die Tugenden, vor allem die Liebe, üben sie leicht und freudig. Im Glück und Unglück sind sie leichtmütig gestimmt. Weder übermäßige Trauer noch übermäßige Freude finden Eingang in ihr Herz.

Bernhard van Ackern

19. DEZEMBER
Adventszeit

Die Adventszeit ist wie ein Frühling, wenn die Natur in neuer Frische und Schönheit aufblüht. Der Advent sollte auch uns neu werden lassen, damit wir Christus aufnehmen können, unter welcher Gestalt er auch zu uns kommen mag. An Weihnachten kommt er als kleines, hilfloses Kind, vollständig angewiesen auf seine Mutter und all das, was die Mutterliebe geben kann. Die Demut ermöglichte der Mutter, die Magd des Herrn zu sein – ihm zu dienen: Christus, Gott von Gott, dem wahren Gott vom wahren Gott. Können wir erfassen, welch großes Geheimnis ihre abgrundtiefe Demut erfüllt hat? Von Jesus und Maria können wir lernen. Wenn wir möchten, dass Gott uns erfüllt, müssen wir durch die Demut uns frei machen von allem Egoismus, der in uns ist.

Mutter Teresa

20. DEZEMBER
Auf sich selbst achten

«Hab also acht auf dich selbst!» Dieser Satz wird dir nützlich sein und wie ein guter Berater dich an das erinnern, was menschlich ist. Und wenn du auch einmal von Widerwärtigkeiten niedergebeugt wirst, dann dürfte er zur rechten Zeit in deinem Herzen erklingen, dass du nicht aus Stolz und trotzigem Übermut dich fortreißen lässt, noch aus Verzweiflung in kleinlichem Missmut versinkst.

Basilius der Große

21. DEZEMBER
Es ist Zeit

Eine alte Frau bügelte Wäsche. Da trat der Todesengel zu ihr und sagte: «Es ist Zeit! Komm!» Die Frau antwortete: «Gut, aber erst muss ich die Wäsche fertig bügeln. Wer tut es denn sonst? Und ich muss kochen, meine Tochter arbeitet im Geschäft, sie braucht etwas zu essen, wenn sie heimkommt. Siehst du das ein?» Der Engel ging. Eine Zeit später kam er wieder. Er traf die Frau, als sie gerade das Haus verließ. «Komm jetzt», sagte er, «es ist Zeit». Die Frau antwortete: «Aber ich muss erst ins Altersheim. Da warten ein Dutzend Leute auf mich, die von ihrer Familie vergessen sind. Soll ich sie etwa im Stich lassen?» Der Engel ging. Einige Zeit später kam er zurück und sagte: «Es ist Zeit! Komm!» Die Frau antwortete: «Ja, ja, ich weiß, aber wer bringt meinen Enkel in den Kindergarten, wenn ich nicht mehr bin?» Der Engel seufzte: «Gut, ich werde warten, bis dein Enkel alleine gehen kann.» Einige Jahre später saß die Frau müde vor ihrem Haus und dachte: «Eigentlich könnte jetzt der Todesengel kommen. Nach all der Plackerei muss die Seligkeit doch wunderbar sein.» Der Engel kam. Die Frau fragte: «Bringst du mich jetzt in die ewige Seligkeit?» Der Engel fragte zurück: «Und wo, glaubst du, warst du die ganze Zeit?»
Willigis Jäger

22. DEZEMBER
Zukunftsgedanken

Während man früher Jahrhunderte dazu brauchte, baut man heute vollkommen durchorganisierte Städte in einigen Jahren. Und der Zauber dieser Menschenzusammenballungen zieht die enterbten Volksmassen an. Aber die Städte, die sehr schnell keinen Einwohnerzuwachs mehr verkraften können, lassen an ihrer Peripherie die Elendsviertel entstehen, die sich dann am Glanz der Stadt festklammern … Die Entwicklungen, deren Verlauf im Rhythmus des vorletzten Jahrhunderts begonnen hat, sich zu steigern, werden sich immer noch mehr beschleunigen. Selbst wir Menschen des 21. Jahrhunderts haben Mühe uns vorzustellen, wie diese unmittelbar nahe Zukunft aussehen wird.

Frère Roger, Taizé

23. DEZEMBER
Geführt werden

In der glücklichen Nacht,
insgeheim, da niemand mich sah
und ich auf nichts schaute,
ohn' anderes Licht und Führen,
als das im Herzen brannte.
Dies führte mich
sicherer als das Licht des Mittags,
wo auf mich wartete,
den ich gut kannte,
dorthin, wo niemand sich zeigte.

O Nacht, die führtest!
O Nacht, liebenswerter als das Morgengrauen!
O Nacht, die zusammenführtest
Geliebten mit Geliebter,
Geliebte dem Geliebten gleichgestaltet!
Johannes vom Kreuz

24. DEZEMBER
Weihnacht

Dass du es bist, der uns dies gab:
Weihnacht in Schmutz und Staube,
Weihnachten, jeden Glanzes bar,
das fasst nur tiefer Glaube.

Dass uns Bedrängten ohne Maß
dein Heilandsherz steht offen –
dass Weihnachtsgnade uns geschenkt,
ist unser sel'ges Hoffen.

Dass wir im Stalle feiern hier,
geheim und scheu wie Diebe
Mysterium des Kommens dein, –
Schlägt Funken uns'rer Liebe.
Gertrud Link

25. DEZEMBER
Ein Weihnachtsfest im Karmel

Ich bedaure nur, nicht malen zu können, um Ihnen eine
kleine Skizze des Rahmens, der mich hier umgibt, zu entwerfen. Der Himmel ist schön mit Sternen besät, und
durch die gefrorenen Fensterscheiben strömt das Mond-
licht in meine Zelle. Es ist entzückend. Mein Fenster geht
auf den Innenhof, das heißt den von den Gebäudeflügeln
eingeschlossenen Klostergarten, in dessen Mitte sich auf
einem Felsen ein großes Kreuz erhebt. Alles ist ruhig und
still; und unwillkürlich denkt man an die Nacht, in der
uns Jesus geschenkt worden ist. Es kommt mir vor, als
hörte ich die Engel ihren Gesang anstimmen: «Freuen wir
uns, ein Erlöser ist uns geschenkt worden.» Ein Weih-
nachtsfest im Karmel ist etwas Einzigartiges. Am Abend
habe ich mich im Chor niedergelassen und dort meine
ganze Nachtwache mit der Muttergottes zugebracht in
der Erwartung des göttlichen Kindes, das diesmal nicht in
der Krippe geboren werden sollte, sondern in meiner
Seele, in unseren Seelen, denn Es ist ja der Emmanuel,
der «Gott mit uns».

Elisabeth von Dijon

26. DEZEMBER
Das Firmament

Das Firmament ist der Thron aller Schönheit, wie auch
der Mensch seinen Thron hat, die Erde nämlich.

Hildegard von Bingen

27. DEZEMBER
Abschied nehmen

Sehr betroffen hat mich als jungen Abt, dass ich schon sehr bald nicht nur einige der vielen alten Mitbrüder, sondern auch den jüngsten, noch im Studium befindlichen beerdigen musste. Nie scheint mir ein Leben freilich so als Einheit erkennbar wie beim Abschied. Wenn wir in einem Nachruf etwas vom Leben eines Verstorbenen sagen, steht das, was er war, als Ganzes vor Augen, und da verdichtet sich das Leben zu einer Gestalt wie vorher und nachher nicht.

Odilo Lechner

28. DEZEMBER
Die Entdeckung

Angenommen, man sagte mir, dass ich in sechs Monaten blind würde. Ich beobachte, wie ich mich dazu stelle. Ich nehme mir vor, mein Leben so fruchtbar und glücklich zu machen, wie es war, als ich meine Sehkraft verlor, und sehe zu, was dieser Vorsatz mir einbringt. Wäre ich der Mensch, der ich heute bin, wenn ich nie den Sonnenaufgang gesehen hätte oder den Mond oder blühende Blumen oder menschliche Gesichter? Ich lasse mein Herz zu Szenen von Schönheit zurückkehren, an denen es sich dank meiner Augen gelabt hat. Ich male mir aus, wie mein Leben wäre ohne das Wissen und die Freude, die ich beim Lesen empfand. Zuletzt frage ich mich, wie ich meine Augen heute gebrauchen will …

Anthony de Mello

29. DEZEMBER
Das Stäbchen

Ich kenne einen Pater, der fast zehn Jahre am königlichen Hof gepredigt hatte. Mit etwa sechzig Jahren wurde er von einer Krankheit heimgesucht, die ihn an den Rand des Grabes brachte. Dabei ließ ihn Gott die Hohlheit seiner schwungvollen und wortgewaltigen Reden erkennen, die gut anzuhören sind, aber wenig Nutzen bringen. Das ließ ihn nicht ruhen. Als er wieder gesund geworden war, bat er seine Vorgesetzten um die Erlaubnis, aufs Land gehen zu dürfen, um dort Katechismusunterricht zu halten und den Bauern ganz schlicht zu predigen. Dies tat er noch zwanzig Jahre bis zu seinem Tod. Bevor er starb, bat er, man möge ihm das Stäbchen mit ins Grab geben, mit dem er die Kinder beim Katechismusunterricht aufgerufen hatte, wie es dortzulande Sitte ist. Dieses Stäbchen, sagte er, gebe Zeugnis, dass er den Hof verlassen habe, um unserem Herrn auf dem Lande nachzufolgen.

Vinzenz von Paul

30. DEZEMBER
Wohlergehen und Fortschritt

Selig ist der Mönch, der das Wohlergehen und den Fortschritt anderer mit so viel Freude begrüßt, wie wenn es sein eigener wäre.

Gebet der Wüstenväter

31. DEZEMBER
Wenn die Zeit still steht

Zeit und Ewigkeit fallen im Augenblick zusammen. Wenn wir ganz im Augenblick sind, dann steht die Zeit still. Jeder hat vermutlich schon die Erfahrung gemacht, dass er fasziniert einen Sonnenuntergang betrachtet hat. Und er hat dabei gar nicht gemerkt, wie die Zeit vergangen ist. Wenn wir uns ganz intensiv auf etwas einlassen, vergessen wir die Zeit, da hört die Zeit auf, da sind wir nur noch reiner Augenblick, reine Gegenwart. Das ist dann die Ahnung der ewigen Sabbatruhe, an der wir jetzt schon teilhaben.

Anselm Grün

Quellenverzeichnis

365 Klosterweisheiten, München 2010

Bernhard van Ackern, Lebensschule für Ordensfrauen, Paderborn 1935

Petra Altmann, Die 101 wichtigsten Fragen – Orden und Klosterleben,
München 2011

Petra Altmann/Odilo Lechner, Leben nach Maß, Freiburg im
Breisgau 2009

Die Apostolischen Väter, München 1918

Aurelius Augustinus, Zweiundzwanzig Bücher über den Gottesstaat,
II. Band, München 1918

Adalbert Ludwig Balling, Liebe macht keinen Lärm, Freiburg im
Breisgau 1983

Ders., Mit dem Herzen sehen, Reimlingen 1976

Basilius, Ausgewählte Briefe, München 1925

Ders., Ausgewählte Homilien und Predigten, München 1925

Die Regel des hl. Benedikt, Beuron 1990

Bernhard von Clairvaux, Weil mein Herz bewegt war, Freiburg
im Breisgau 1990

Ders., Das Geheimnis der geistlichen Brautschaft, Eschenbach 1986

Josef Bill, Vom zärtlichen Menschen, Stuttgart 1976

Phil Bosmans, Mensch, ich hab dich gern, Freiburg im Breisgau 2010

Niklaus Brantschen, Was ist wichtig, Zürich 1979

Hélder Câmara, Mach aus mir einen Regenbogen, Zürich 1981

Carlo Carretto, Wo der Dornbusch brennt, Freiburg im Breisgau 1973

Joan Chittister, Weisheitsgeschichten aus den Weltreligionen,
Freiburg im Breisgau 2009

Clemens von Alexandria, Der Erzieher, Buch II-III, Welcher Reiche
wird gerettet, München 1934

Elisabeth von Dijon, Lob seiner Herrlichkeit, Zürich 1953

Franz von Assisi, Die Demut Gottes, Zürich 1977

Frère Roger, Taizé, Das Heute Gottes, Freiburg im Breisgau 1961

Gabriel a S. Maria Magdalena, Paderborn 1962

Garcia de Cisneros, Schule des geistlichen Lebens auf den Wegen
der Beschauung, Freiburg im Breisgau 1923

Hermann Gilhaus, Schenk mir ein hörendes Herz, Freising 1987

Gregor des Großen Buch der Pastoralregel, München 1933

Anselm Grün, Das kleine Buch vom wahren Glück, Freiburg im
Breisgau 2001

Ders., Der Himmel beginnt in dir, Freiburg im Breisgau 2008

Ders., Der Weg durch die Wüste, Münsterschwarzach 2001

Romano Guardini, In Spiegel und Gleichnis, Mainz 1932

Hildegard von Bingen, Das Buch vom Wirken Gottes, Augsburg 1998

Ich schenk mir einen Augenblick, Gute Gedanken für alle Tage
der Fasten- und Osterzeit, Freiburg im Breisgau 2001

Ignatius von Loyola, Geistliche Briefe und Unterweisungen,
Freiburg im Breisgau 1922

Ders., Trost und Weisung, Zürich 1979

Willigis Jäger, Die Welle ist das Meer, Freiburg im Breisgau 2000

Johannes vom Kreuz, Aufstieg auf den Berg Karmel, Freiburg im
Breisgau 1999

Ders., Der Geistliche Gesang, Freiburg im Breisgau 1997

Ders., Die dunkle Nacht, Freiburg im Breisgau 1995

Ders., Die lebendige Liebesflamme, Freiburg im Breisgau 2000

Ders., Worte von Licht und Liebe, Freiburg im Breisgau 1996

Julia von Norwich, Offenbarungen von göttlicher Liebe. Zum erstenmal
in der ursprünglichen Fassung aus dem Altenglischen übersetzt
und eingeleitet von Elisabeth Strakosch, Johannes Verlag Einsiedeln,
4. Auflage 2011

Katharina von Siena, Das Unbedingte, München 1938

Odilo Lechner, Zeichen auf dem Weg, Freiburg im Breisgau 2011

Ein Lied, das nur die Liebe lehrt – frühe Texte der Zisterzienser,
Freiburg im Breisgau 1981

Gertrud Link, Mein Weg mit Gott, St. Ottilien 1998

Jacques Loew, Christusmeditationen, Freiburg im Breisgau 1972

Anthony de Mello, Dass ich sehe, Freiburg im Breisgau 1985

Ders., Meditieren mit Leib und Seele, Kevelaer 1984

Thomas Merton, Heilig in Christus, Freiburg im Breisgau 1963

Ders., Keiner ist eine Insel, Zürich 1956

Henri Nouwen, Ich hörte auf die Stille. Sieben Monate im Trappisten-
kloster, Freiburg im Breisgau, Herder Spektrum Taschenbuch 2004

Paul vom Kreuz, Im Kreuz ist Heil, Zürich 1979

Salvianus von Massilia, Von der Weltregierung Gottes, München 1935

Katharina Schridde, … und plötzlich Nonne, Freiburg im Breisgau
2009

Johannes Schuck, Der Myrrhenberg des hl. Bernhard von Clairvaux,
München 1926

Christian Schütz, Gesegneter Alltag, St. Ottilien 2003

Kyrilla Spiecker, Salzkörner, Würzburg 1980

Edith Stein, Im verschlossenen Garten der Seele, Freiburg im
Breisgau 1987

Pierre Stutz, 50 Rituale für die Seele, Freiburg im Breisgau 2001

Sulpicius Severus, Schriften über den hl. Martin, München 1914

Mutter Teresa, Gedanken für jeden Tag, München 2002

Theodoret von Cyrus, Mönchsgeschichte, München 1926

Teresa von Ávila, Das Buch der Gründungen, Freiburg im Breisgau
2007

Dies., Gedanken zum Hohenlied, Gedichte und kleinere Schriften,
Freiburg im Breisgau 2004

Dies., Ich bin ein Weib – und obendrein kein gutes, Freiburg im
Breisgau 2007

Dies., Weg der Vollkommenheit, Freiburg im Breisgau 2003

Matthias Utters, An Ufern …, Quierschied-Fischbach 1984

Vinzenz von Paul, Worte des Erbarmens, Freiburg im Breisgau 1980

Silja Walter, Die sieben durchsichtigen Tage, Graz 1985

Die Wolke des Nichtwissens, Einsiedeln 1958

Einzelnachweise

Adalbert Ludwig Balling: Die Texte am 24.1., 21.4., 5.10. sind zitiert nach: Adalbert Ludwig Balling, Mit dem Herzen sehen, Reimlingen 1976. © beim Autor.

Benedikt von Nursia: Die Texte am 18.9., 24.9, 29.9., 24.10, 18.11. sind zitiert nach: Benediktsregel. Übersetzung: © Beuroner Kunstverlag 1990, www.klosterkunst.de.

Josef Bill: Die Texte am 31.3, 19.5., 24.5., 9.6., 23.8., 11.9., 22.9., 19.11., 14.12 sind zitiert nach: Josef Bill, Vom zärtlichen Menschen. © Verlag Katholisches Bibelwerk GmbH, Stuttgart 1976.

Nikolaus Brantschen: Die Texte am 22.6. und 24.6 sind zitiert nach Nikolaus Brantschen, Was ist wichtig. Meditationen für den Alltag, Zürich 1979. © beim Autor.

Hélder Câmara: Die Texte am 21.5., 1.7., 19.8., 19.10, 10.12 sind zitiert nach: Hélder Câmara Mach aus mir einen Regenbogen. © 1981 Piper Verlag GmbH, München.

Evagrius Ponticus: Die Texte am 22.2 und 27.7 sind zitiert nach der Übersetzung Evagrius Ponticus, Über das Gebet. © Vier-Türme GmbH, Verlag, Münsterschwarzach.

Franz von Assisi: Die Texte am 16.4., 16.5, 14.9 sind zitiert nach: Franz von Assisi, Die Demut Gottes, Zürich 1977, in der Übersetzung von Anton Rotzetter. © der Übersetzung: Anton Rotzetter.

Frère Roger, Taizé: Die Texte am 11.7., 5.11., 22.12 sind zitiert nach: Frère Roger, Taizé, Das Heute Gottes, Verlag Herder, Freiburg im Breisgau 1961. © Ateliers et Presses des Taizé, F-71250 Taizè-Communauté.

Hermann Gilhaus: Die Texte am 6.6., 7.7., 18.7. 14.8., 20.8., 21.9., 17.11., 23.11., 26.11., 9.12 sind zitiert nach: Hermann Gilhaus, Schenk mir ein hörendes Herz. © Steyler Missionare, Sankt Augustin.

Romano Guardini: Die Texte am 5.4., 9.5., 2.6., 16.6., 14.7., 1.8., 9.8., 11.8., 21.8., 31.8., 27.9, 7.12. sind zitiert nach: Romano Guardini, Im Spiegel und Gleichnis. Bilder und Gedanken, 7. Aufl. 1990. Verlagsgemeinschaft Matthias Grünewald, Mainz / Ferdinand Schönigh, Paderborn. Alle Autorenrechte liegen bei der Katholischen Akademie in Bayern.

Julia von Norwich: Die Texte am 6.5. und 29.5. sind zitiert nach: Julia von Norwich, Offenbarungen von göttlicher Liebe. Zum erstenmal in der urspünglichen Fassung aus dem Altenglischen übersetzt und eingeleitet von Elisabeth Strkosch. Johannes Verlag Einsiedeln, Freiburg 4. Aufl. 2011.

Gertrud Link: Die Texte am 6.4. 5.6., 1.10, 24.12 sind zitiert nach: Gertrud Link, Mein Weg mit Gott © 1998 EOS-Verlag St. Ottilien.

Anthony de Mello: Der Text am 3.6. ist zitiert nach: Anthony de Mello, «Die besten Dinge des Lebens sind uns geschenkt», in: Ders., Meditieren mit Leib und Seele. Neue Wege der Gotteserfahrung. Übersetzt von Martin Kämpchen. © Neuausgabe 2008 Butzon & Bercker GmbH, Kevelaer. www.bube.de.

Thomas Merton: Die Texte am 6.3, 10.5., 4.6., 6.7., 13.7., 25.7., 13.9. 7.11 sind zitiert nach: Thomas Merton, Keiner ist eine Insel. Betrachtungen über die Liebe. Aus dem Englischen übertragen von Annemarie von Puttkamer. Autorenrechte: Deutsche Ausgabe von «No Man is an Island». © 1955 by The Abbey of Our Lady of Gethsemani. Copyright renewed 1983 by The Trustees of the Merton Legacy Trust. Veröffentlicht mit Genehmigung Nr. 68'936 der Paul & Peter Fritz AG in Zürich. Übersetzungsrechte: © Patmos-Verlag der Schwabenverlag AG, Ostfildern /Düsseldorf 2005 (ursprünglich erschienen im Benziger Verlag, Zürich 1956).

Mutter Teresa: Die Texte am 7.4., 26.8., 2.9., 15.9., 26.9., 14.10, 19.12 sind zitiert nach: Mutter Teresa, «Ich bin Gottes Bleistift». Gedanken für jeden Tag. © Verlag Neue Stadt, München 2008.

Christian Schütz: Die Texte am 11.4., 4.7., 7.9. sind zitiert nach Christian Schütz, Gesegneter Alltag. © 2003 EOS-Verlag St. Ottilien.

Kyrilla Spiecker: Die Texte am 31.5., 9.7., 2.8., 10.9. sind zitiert nach Kyrilla Spiecker, Salzkörner. Würzburg 1980. © bei der Autorin.

Matthias Utters: Die Texte am 13.4., 27.4., 6.8., 4.9., 16.10 sind zitiert nach: Matthias Uttern, An Ufern … Betrachtungen. © Verlag Positives Leben, Bad Waldsee 1986.

Silja Walter: Die Texte am 11.6., 4.8., 8.8. sind zitiert nach: Silja Walter, Gesamtausgabe. Band 10. © Paulusverlag Freiburg Schweiz 2005.

Notker Wolf: Der Text am 20.10. ist zitiert nach Petra Altmann, Die 101 wichtigsten Fragen: Orden und Klosterleben. © Verlag C. H. Beck, München 2011, S. 136. ISBN 978-3-406-61381-4.

Wolke des Nichtwissens: Der Text am 16.7. ist zitiert nach: Die Wolke des Nichtwissens. Übertragen und mit einer Einleitung versehen von Wolfgang Riehle, Johannes Verlag Einsiedeln, Freiburg 9. Aufl. 2011.

Die Herausgeberin

Dr. Petra Altmann studierte Kommunikationswissenschaften, Kunstgeschichte und Soziologie. Sie war viele Jahre in Führungspositionen in Buchverlagen tätig und arbeitet heute als freie Journalistin und Buchautorin.
In ihren Publikationen beschäftigt sie sich schwerpunktmäßig mit Lebenswerten und Traditionen, die für unser heutiges Leben bedeutsam sind.
Von ihr liegen zahlreiche Buchveröffentlichungen vor, darunter bei Herder die Bände «Aufbruch in die Stille», «Das ABC der Dankbarkeit» sowie «Leben nach Maß – Die Regel des heiligen Benedikt für Menschen von heute» – gemeinsam mit Odilo Lechner.
Dr. Petra Altmann ist Preisträgerin des «Premio Donne Eccellenti 2010», der an Frauen vergeben wird, die sich durch besonderes berufliches Engagement hervorgetan haben.
Weitere Informationen unter: www.dr-petra-altmann.de

Buchveröffentlichungen von Dr. Petra Altmann

Heilfasten nach der Klostermethode, München 2008

Atem holen im Kloster, Augsburg, 2. Auflage 2011

Wohlfühltipps aus dem Kloster, München, 2. Aufl. 2009

(mit Schwester Fidelis Happach) Die Kraft der Klosterkräuter, München, 2. Aufl. 2010

(mit Pater Anselm Grün) klarheit, ordnung, stille. Was wir vom Leben im Kloster lernen können, München 2007

klarheit, ordnung, stille. Audiobook. Von und mit Pater Anselm Grün und Petra Altmann, Hamburg 2008

Oasen für jeden Tag, München 2008

(mit Schwester Fidelis Happach) Gesunde Ernährung aus dem Kloster, München 2008

Wie Mönche und Nonnen leben, Münsterschwarzach 2009

(mit Abt Odilo Lechner) Leben nach Maß. Die Regel des heiligen Benedikt für Menschen von heute, Freiburg im Breisgau 2009

(mit Äbtissin Gertrud Pesch) Backen in der Klostertradition, München 2009

Lebe wertvoll & gut. Ein Wertekompass für alle Tage, München 2010

Aufbruch in die Stille, Herder spektrum Taschenbuch, Freiburg im Breisgau 2010

Vom Wert der Werte, Hünfelden 2010

101 Fragen: Orden und Klosterleben, München 2011

Das ABC der Dankbarkeit, Herder spektrum Taschenbuch, Freiburg im Breisgau 2011

Starke Frauen aus dem Kloster, Hünfelden 2011

*Herausgeberin und Verlag bedanken sich bei allen
Rechte-Inhabern für die Genehmigung zum Abdruck.
Falls in dem einen oder anderen Fall die Urheberrechtslage
nicht hinreichend geklärt werden konnte, ist der Verlag
für weiterführende Hinweise dankbar.*

MIX
Papier aus verantwor-
tungsvollen Quellen
FSC® C106847

© Verlag Herder GmbH, Freiburg im Breisgau 2011
Alle Rechte vorbehalten
www.herder.de

Umschlaggestaltung: Finken & Bumiller, Stuttgart
Umschlagmotiv: © Corbis
Foto der Autorin: © Verlag Herder GmbH, Freiburg /
Stefan Weigand
Fotos im Innenteil: © Stefan Weigand
Satz: Atelier Georg Lehmacher, Friedberg (Bay.)
Herstellung: fgb · freiburger graphische betriebe
www.fgb.de

Printed in Germany
ISBN 978-3-451-33041-4